Jan Frerichs
Wilde Kirche

Jan Frerichs

Wilde Kirche

Wie wir uns unsere spirituelle Heimat zurückholen

Patmos Verlag

VERLAGSGRUPPE PATMOS

PATMOS
ESCHBACH
GRÜNEWALD
THORBECKE
SCHWABEN
VER SACRUM

Die Verlagsgruppe
mit Sinn für das Leben

Die Verlagsgruppe Patmos ist sich ihrer Verantwortung gegenüber unserer Umwelt bewusst. Wir folgen dem Prinzip der Nachhaltigkeit und streben den Einklang von wirtschaftlicher Entwicklung, sozialer Sicherheit und Erhaltung unserer natürlichen Lebensgrundlagen an. Näheres zur Nachhaltigkeitsstrategie der Verlagsgruppe Patmos auf unserer Website www.verlagsgruppe-patmos.de/nachhaltig-gut-leben

2. Auflage 2024
Alle Rechte vorbehalten
© 2024 Patmos Verlag
Verlagsgruppe Patmos in der Schwabenverlag AG, Ostfildern
www.verlagsgruppe-patmos.de

Umschlaggestaltung: Finken & Bumiller
Umschlagabbildung: anatoliy_gleb / Shutterstock.com
Satz: mittelstadt 21, Vogtsburg-Burkheim
Druck: GGP Media GmbH, Pößneck
Hergestellt in Deutschland
ISBN 978-3-8436-1511-2 (Hardcover)
ISBN 978-3-8436-1535-8 (eBook)

Inhalt

Zu diesem Buch   9

ERFAHRUNG
**Geschichten erzählen –
das Herz der WILDEN KIRCHE schlagen hören**   13

Auf der Suche nach dem Ursprung   16
Das Herz der WILDEN KIRCHE   18
Vom Zuschauer zum Zeugen   20
Statt vieler Erklärungen: Eine Geschichte   21

Meine (Wieder-)Entdeckung der WILDEN KIRCHE   23

Die Reise   25
Der Wendepunkt   26
Das Kloster im Wald   29
Ein Gespräch, das alles verändert   30
Mit Bruder Wind beten   34
Mit Schwester Wasser beten   38
Mit Bruder Feuer beten   40
Mit Mutter Erde beten   44
Der Regenbogen   52
Die Rückkehr   53

REFLEXION
**Die Seele entkolonialisieren –
Raum schaffen für die WILDE KIRCHE**   55

01 Die Zivilisation abstreifen   60
02 Entkolonialisierung der Seele   62
03 Folgen der (spirituellen) Kolonialisierung   65
04 WILDE KIRCHE als herrschaftsfreier Raum   67

05 Wer ist »wir« in der WILDEN KIRCHE? 69
06 Wildnis als Ort spiritueller Erfahrung 71
07 Das Universum ist in uns 73
08 Da sein 75
09 Wildnis als Grundlage unserer Existenz 77
10 Unsere ursprüngliche Wildnis ist der Wald 78
11 Die Kunst, in den Spiegel der Natur zu schauen 80
12 Keine Zuschauer, bitte (erste und zweite Bibel) 82
13 Geschichten als Brücke zur Weisheit 83
14 Die Ursprache der Menschheit wieder lernen 86
15 Wilde Spiritualität 88
16 Von der Entspannung zur Entspanntheit 90
17 Ursünde 92
18 Ursegen 96
19 Geburtlichkeit 99
20 Panentheismus 100
21 In Gott sein 103
22 Die große und die kleine Tradition 104
23 Herbst – die Essenz des Lebens feiern 107
24 Winter – die Rückkehr des Lichts feiern 111
25 Frühling – das Neuwerden feiern 113
26 Sommer – die Fülle des Lebens feiern 116
27 Jahreskreis als Initiation 119
28 Wildnis ist der maßgebliche Ort für Initiation 121
29 Welche Folgen es hat, wenn Initiation fehlt 123
30 Warum niemand in die WILDE KIRCHE gehen kann 124
31 WILDE KIRCHE versus Institution 126

PRAXIS
Das Feuer hüten –
Handwerkszeug für die WILDE KIRCHE 129

Woran man die WILDE KIRCHE erkennt 131
Der Rahmen selbst ist nicht die WILDE KIRCHE 134
Wo finde ich die WILDE KIRCHE (und wo nicht)? 135

Inhalt 7

Den Weg des Kreises gehen 139
Auf die Stille hören 139
Singen 141
Von Herzen schreiben 142
Von Herzen zuhören 143
Von Herzen sprechen 144
Die Sitzordnung 146
Den Raum gestalten 146
Der Redegegenstand 147
Richtlinien für das Kreisritual 148
Der Rahmen: Eröffnung und Abschluss 149
Umgang mit Störungen 151
Kreis-Formate 152
Themen im Kreis 154

Die erste Bibel lesen 156
Einen Schwellengang unternehmen 156
In den Spiegel der Natur schauen 160
Die Erfahrungen im Kreis teilen 162
Geschichten im Kreis spiegeln 165

Die zweite Bibel lesen 167
Die Wahrheit zwischen den Zeilen 167
Beispiel: Geschichte einer Dämonenaustreibung 169
Empfehlungen für Auswahl und Vorbereitung 175

Die Feuerhüter-Meditation 177
Am Ende: Der Sonnengesang 179

Der Autor 183

Bonus zum Buch
(Bilder, Audio- und Videomaterial,
Literaturempfehlungen u. a.) unter:

https://wildekirche.online

Zu diesem Buch

Die WILDE KIRCHE hat es immer gegeben. Ihre Kathedralen sind Wälder, Berge, Täler, Flussufer, Wüsten und der weite Ozean. Ihre Gläubigen pflegen seit Urzeiten eine innige Beziehung zur Erde und zu allen Geschöpfen und sie betrachten sich als Kinder des wilden Gottes und der zärtlichen Mutter Erde. Alle sind Geschwister. Es gibt keine Hierarchie. Es gibt keine Dogmatik. Die erste Bibel der WILDEN KIRCHE ist die Schöpfung mit all ihren Kreaturen, Erscheinungen und Kreisläufen, und es ist eine alte Kunst, diese Bibel zu lesen. Sie ist ein Spiegel für unsere Seelen. Es ist Zeit, wieder heimisch zu werden in dieser Kirche, denn die Erde leidet und braucht uns.

Die Rückkehr in die WILDE KIRCHE ist ein Prozess der Befreiung von Körperfeindlichkeit, Patriarchalismus, Klerikalismus und Egoismus. Die WILDE KIRCHE schafft Räume, um den Herzensgrund zu berühren und die zarten Bande der tiefen Beziehung wieder aufzunehmen und weiterzuknüpfen, die zwischen allen und allem besteht – »in Christus«, wie wir es in unserer Tradition ausdrücken. So können wir wieder eine Weltanschauung, eine Kosmologie entwickeln, die uns nicht abtrennt von allem, sondern mit allem verbindet.

Dieses Buch ist aus der Praxis entstanden. Es gründet in den Erfahrungen, die wir in den vergangenen Jahren in unseren Seminaren und Auszeiten in der Lebensschule bei *barfuß & wild* gesammelt haben. Das Buch erzählt von meiner und unserer (Wieder-)Entdeckung der WILDEN KIRCHE – es ist keine umfassende Abhandlung oder Definition dieses Begriffs.

Nur so viel vorab: »Wild« heißt diese Kirche nicht, weil sie ungestüm oder chaotisch wäre. Sondern weil sie draußen ist, ungezähmt, nicht domestiziert, voller ursprünglicher Lebenskraft und unausrottbar.

Das Buch ist für Menschen gedacht, die ihre spirituelle Heimat verloren haben. Menschen, die sich im konventionellen Christentum und in der Institution Kirche nicht mehr zu Hause fühlen – und diese Wurzeln dennoch nicht abschneiden wollen.

Es ist für Menschen geschrieben, die sich weder bei Konservativen noch bei Progressiven einordnen wollen oder können, weil es ihnen um mehr als »die Kirche« geht. Weil sie ahnen, dass die spirituelle Obdachlosigkeit, die sie erleben, gar nicht bloß das Problem, sondern ein Teil der Lösung sein könnte. Weil ihre Entfremdung und Entbindung von der eigenen Tradition oder von bestimmten Teilen davon auch ein Ausdruck von persönlichem und spirituellem Wachstum ist. Und weil all das eine Einladung ist, die Verantwortung für den eigenen Weg zu übernehmen.

Das Buch ist für Menschen geschrieben, die sich nach echter, mitfühlender Gemeinschaft sehnen, die die üblichen konfessionellen Grenzen weit übersteigt. Eine Gemeinschaft nämlich, die weit in die mehr-als-menschliche Welt hineinreicht und die in Wahrheit dort wurzelt.

Schließlich ist das Buch für Menschen, denen das gegenwärtige Leid der Erde und aller Kreaturen nicht egal ist und die nicht nur Symptome bekämpfen, sondern an die Wurzeln gehen wollen.

Willkommen also zu einer spirituellen Entdeckungsreise, die bis in die Ursprünge der menschlichen Gemeinschaft zurückreicht. Vor etwa einer Million Jahren haben Menschen gelernt, das Feuer zu hüten. Das Feuerhüten ist in unsere menschliche

DNA eingegangen – aber es bedeutet viel mehr, als bloß ein bisschen Holz zu verbrennen.

Am Feuer haben wir das Sprechen gelernt. Seit etwa 50.000 Jahren teilen wir unsere Erfahrungen und Geschichten, indem wir um ein Feuer herumsitzen. Lange bevor irgendjemand den ersten Buchstaben geschrieben hat, haben Menschen auf diese Weise ihr Wissen und ihre Weisheit, kurzum: alles, was wichtig ist, weitergegeben und überliefert.

Wenn wir auf diese Weise das Feuer hüten, dann ist das ein universales Sinnbild für das Leben in seiner einfachsten und grundlegendsten Ausdrucksform. So wie die Erde um die Sonne kreist, die uns Wärme spendet und unser Leben erst möglich macht, so versammelt sich die Gemeinschaft der Familie und des Dorfes um ein Feuer oder später um den Herd, um in diesem Kreis Geschichten zu erzählen.

Viele, die zu uns kommen, hungern und dürsten nach einer solchen Erfahrung von Verbundensein. Und das heißt: nach einer Erfahrung von respektvoller, mitfühlender und nicht-exklusiver Gemeinschaft, die sie nicht entmündigt und ihnen die Autonomie nimmt, sondern die ihren Erfahrungen und ihrer subjektiven und individuellen Wahrheit Raum gibt und sie anerkennt. Solche Gemeinschaften fallen nicht vom Himmel. Es braucht Menschen, die diese Räume schaffen und das Feuer im Kreis hüten. Auch das ist ein Ziel dieses Buches: Es will zur Praxis führen und das grundlegende Handwerkszeug beschreiben, um eine solche Art von Gemeinschaft zu ermöglichen und zu pflegen.

Wenn du dich also in all dem wiederfindest, vielleicht auch nur in einigen Punkten, dann herzlich willkommen in der WILDEN KIRCHE.

ERFAHRUNG

**Geschichten erzählen –
das Herz der** W**ILDEN** `K**IRCHE** **schlagen hören**

Als ich einige Monate nach meinem 40. Geburtstag mitten in der Toskana auf einem Bio-Bauernhof irgendwo im Nirgendwo mit elf anderen Menschen in einem provisorisch zusammengezimmerten Seminarraum Platz nahm, ahnte ich nicht, wie grundsätzlich die folgenden Tage mein Leben verändern würden. Eine Freundin hatte mir von ihrer Visionssuche erzählt, und ich wusste nur: Das will ich auch. Und so hatte ich mir so eine Visionssuche zum Geburtstag gewünscht. Mit dem Begriff konnte damals niemand in meinem Umfeld etwas anfangen, und schon gar nicht hätte jemand sich so etwas zum Geburtstag gewünscht: Vier Tage und vier Nächte allein, fastend, ohne Dach über dem Kopf in der Wildnis – das wäre den meisten wie eine Strafe vorgekommen. Oder wie eine Art Überlebenstraining.

Eine Visionssuche ist aber kein Überlebenstraining. Und schon gar keine Strafe. Was es aber genau ist, was mich da in die Wildnis lockte, konnte ich auch nicht erklären.

Und so saß ich damals in jenem Kreis und wusste nur: Etwas in mir will da hinausgehen. Es zog mich auf geheimnisvolle Weise in die Natur, obwohl ich überhaupt kein Pfadfindertyp bin und die Dunkelheit bis dahin geflissentlich gemieden hatte.

Ich ahnte jedoch, dass diese Tage und Nächte mir die Möglichkeit geben würden, etwas Ursprüngliches zu berühren. Da war ein inneres Bild: Ich allein draußen in der Natur – und diesem inneren Bild folgte ich.

Auf der Suche nach dem Ursprung

Diesen mächtigen Wunsch, etwas Ursprüngliches (und damit »die Wahrheit«) zu berühren, kannte ich schon. Aus diesem Wunsch heraus war ich nach dem Zivildienst Franziskaner geworden und hatte dann als junger Mann begonnen, Theologie zu studieren. Ich habe allein ein halbes Jahr lang nichts anderes getan, als Hebräisch zu büffeln, um die Texte der Bibel in der Originalsprache lesen zu können. Ich hoffte, auf diese Weise dem Ursprung und damit der Wahrheit näherzukommen. Ich erinnere mich noch gut an das Gefühl, etwas ganz Großem auf der Spur zu sein. Mit diesem Gefühl saß ich in der ersten Hebräisch-Stunde und hing an den Lippen meines Lehrers: »Stellen Sie sich vor, 5000 Jahre vor Christus geht irgendwo im Orient die Sonne auf und jemand sagt *jom*; das ist Hebräisch und heißt *Tag*.«

Ich las mit Begeisterung in der hebräischen Bibel. Mit dem Gefühl, jetzt wirklich das Original zu berühren. Bis ich erfuhr, dass diese hebräische Textfassung nur ein bisschen mehr als 1000 Jahre alt war. Was Menschen vor 5000 Jahren wirklich bewegt hat, wissen wir schlicht nicht, denn wir haben keine schriftlichen Zeugnisse von ihnen. Wir haben nur jüngere Abschriften, wenn überhaupt. Irgendwann wurde mir klar, dass ich auf diesem Weg – von außen – dem Ursprung nicht näherkommen konnte.

Ähnlich und noch schwieriger ist es mit den vorchristlichen Traditionen. Die Kelten zum Beispiel haben gar nichts aufgeschrieben. Keltische Schriftquellen stammen alle aus der christlichen Zeit. Und die Bezeichnungen der keltischen Feste wurden im 19. Jahrhundert (!) festgelegt. Ob und wie die Kelten also »Samhain« oder »Beltane« gefeiert haben, ob sie wirklich einen

Geschichten erzählen

Baumkalender hatten – all das wissen wir überhaupt nicht aus Originalquellen, sondern können es uns nur erschließen. Ich will damit nicht sagen, dass die Beschäftigung mit der hebräischen Bibel oder mit keltischen oder anderen Traditionen unsinnig wäre. Im Gegenteil. Ich will nur sagen, dass wir von außen nicht zum Ursprung gelangen. Wissen allein hilft uns jedenfalls dabei nicht. Ganz gleich, wie tief wir in die Historie eines Textes oder einer Tradition eintauchen, den Ursprung können wir auf diesem Weg nicht berühren.

So ist mir damals schmerzlich bewusst geworden, dass ich im Grunde trotz allen Studierens ein Zuschauer war. Rückblickend weiß ich, was ich damals als junger Franziskaner eigentlich gesucht habe: eine eigene unmittelbare Erfahrung. Und weil niemand diese Erfahrung durch ein Studium finden kann, braucht es einen anderen Zugang. Das ist wohl auch der Grund, warum ich damals eine Pilgerreise unternehmen wollte von Münster in Westfalen, wo ich studierte, bis nach Jerusalem. Heute würde ich sagen, dass ich dadurch intuitiv den Raum geschaffen habe für eine Initiation, eine Einweihung, nach der meine Seele schon lange gedürstet hatte.

Ich machte mich irgendwann im Sommer 1998 auf den Weg und kam immerhin bis Assisi. Dort endete die Reise aus Gründen, von denen noch die Rede sein wird. Nach dieser Erfahrung verließ ich den Orden. Ich erlernte einen Beruf, gründete eine Familie, und die Suche, die mich hatte aufbrechen lassen, trat in den Hintergrund. Eine einmal begonnene Initiation lässt sich allerdings nicht einfach aufhalten. Der Same liegt im Boden und wartet auf den Zeitpunkt zum Keimen. Irgendwann nahm ich den Faden wieder auf und entdeckte die Visionssuche. Die

16 Jahre zwischen meiner Pilgerreise und meiner Visionssuche, der »Quest«, kommen mir heute vor wie eine Odyssee mit vielen scheinbaren Irrwegen und Sackgassen, die schließlich doch auf wundersame Weise »nach Hause« geführt haben.

Das Herz der WILDEN KIRCHE

Da saß ich nun an jenem Abend in der Toskana. Ich weiß kaum mehr ein Wort von dem, was an jenem ersten Abend und in den folgenden Tagen in diesem Kreis gesprochen wurde. Worte waren nicht das Entscheidende in diesen Tagen. Und das war neu für mich. Sie waren aber auch nicht unwichtig. Und so ist mir die Geschichte einer Teilnehmerin sehr deutlich in Erinnerung geblieben, die sie in diesem Kreis am ersten Abend erzählte. Und sie ist mir deshalb in Erinnerung geblieben, weil ich kein Wort davon glauben konnte.

Zur Vorbereitung auf ihre Visionssuche hatte die Frau einige Zeit in der Natur verbringen wollen. Dafür war sie in den nahegelegenen Wald aufgebrochen. Sie war allerdings nie dort angekommen, erzählte sie, denn schon an der Landstraße, an einer Bushaltestelle, seien ihr Menschen in weißen Gewändern begegnet. Denen sei sie gefolgt in einen versteckten unterirdischen Raum. Dort brannte ein Feuer und alles war bereitet für ein Ritual, an dem sie spontan teilnahm. Es habe sich alles sehr stimmig angefühlt, obwohl sie mit »so was« eigentlich nichts anfangen könne.

Wie gesagt: Ich konnte kein Wort davon glauben. Das sollte wirklich so passiert sein? Wo gibt's denn so was? Und überhaupt:

Was sollen denn das für Leute gewesen sein? Eine Sekte? Worum ging es denn in diesem Ritual genau? Wieso hatten die Leute nichts dagegen, dass die Frau einfach so dabei war?

An diesem ersten Abend in der Toskana lernte ich eine wichtige Lektion. Und ich spürte den Herzschlag der WILDEN KIRCHE. Dieses Herz hatte schon immer geschlagen und wird auch immer schlagen. Ich hatte es bloß nicht bewusst wahrgenommen und hätte es auch nicht so benennen können.

Ich erwartete natürlich eine Intervention der Ältesten, die die Visionssuche leiteten. Sie würden diese Geschichte sicher in Frage stellen, denn sie klang absolut unglaubwürdig. Das Gegenteil geschah. Statt den Beitrag dieser Teilnehmerin zu kommentieren oder zu diskutieren, nahmen die Ältesten jedes einzelne Wort der Frau offensichtlich sehr ernst. Die Geschichte wurde genauso gespiegelt, wie die Frau sie erzählt hatte. Und noch mehr: Im Spiegel bekam die Geschichte plötzlich einen tieferen Sinn. Und auch wenn ich mich nicht mehr erinnern kann, worin genau dieser Sinn bestand, so kann ich mich doch sehr deutlich an das Gefühl erinnern, die Frau auf eine tiefe Weise gesehen und verstanden zu haben. Es hatte einen Grund, warum die Frau genau diese Geschichte genau jetzt und genau so erzählte, und dieser Grund war in diesem Kreis berührt, gewürdigt und bezeugt worden. Das Ganze machte Sinn. JETZT UND HIER machte das Ganze Sinn.

Heute bin ich selbst Visionssucheleiter und würde eine Geschichte wie die obige im Rahmen einer Visionssuche nicht mehr in Frage stellen. Wenn zum Beispiel eine Person erzählt, dass in der Auszeit ein großer Adler gekommen sei und sich auf ihrer Schulter niedergelassen habe, dann könnte ich natürlich sagen: Hier gibt es überhaupt keine Adler und sie setzen sich uns auch nicht auf die Schulter. Sag mir also, was »wirklich« passiert ist. Aber damit würde ich der Bedeutung dieser Geschichte und dem Menschen, der sie erzählt, nicht näherkommen. Denn selbst wenn der Adler nur in der Fantasie dieser Person erschienen ist – wie in einem Traum –, handelt es sich ja dennoch um eine Erfahrung, die eine Bedeutung haben kann. Also: Was bedeutet es für diese Person, dass der Adler auf ihrer Schulter gelandet ist? Was bedeutet es ganz subjektiv für diese Person, die es erzählt, in dem konkreten Kontext, in dem sie sich gerade jetzt in ihrem Leben bewegt? Was wird durch diese Erfahrung bezeugt oder gestärkt?

Deshalb spielte es damals in jenem Kreis auch keine Rolle, ob das unterirdische Ritual tatsächlich so passiert war. Es war eine Vision. Ein inneres Bild. Und wenn man so will, ist jede persönliche Erfahrung, von der ich erzähle, jede Zuschreibung, die ich mache (ein dunkler Wald, ein friedlicher Wald), eine Er-Innerung im wahrsten Sinne des Wortes, sprich: ein inneres Bild, denn ich betrachte die Wirklichkeit immer subjektiv durch meine persönliche Brille. Dass eine Geschichte sich nicht so zugetragen hat, wie sie erzählt wird, heißt nicht, dass sie nicht trotzdem wahr sein kann.

Vom Zuschauer zum Zeugen

Die Begebenheit in der Toskana war für mich deshalb so bedeutend, weil ich an jenem Abend vom Zuschauer zum Zeugen geworden war. Als Theologe hatte ich mich schon immer mit »unglaublichen« Geschichten beschäftigt, die traditionell überliefert werden. Und wenn ich ehrlich bin, hatte ich mich mit ihnen herumgeschlagen: Da werden Meere geteilt, Tote leben wieder und Unfruchtbare werden schwanger. Und mir ist an jenem Abend klar geworden, dass die Geschichten der Schlüssel zu allem sind, und genau deshalb war und bin ich Theologe: Mein Beruf ist die Rede *(logos)* von Gott *(theos)* – und dafür braucht es Geschichten. Gott ist ja letztlich ein Codewort für alles, was unser Begreifen übersteigt. Das heißt, wenn wir Gott sagen, meinen wir mehr, als wir uns konkret vorstellen können. Jeder Versuch, Gott festzulegen, schlägt fehl. Wenn ich Gott habe, ist es nicht mehr Gott. Geschichten ermöglichen jedoch, das Unbegreifliche zu berühren und zu begreifen, ohne es zu ergreifen. Vielmehr ergreift es mich – das ist das Geheimnis. Und das war und ist dieses geheimnisvolle Ursprüngliche, was ich 16 Jahre und länger gesucht hatte.

Statt vieler Erklärungen: Eine Geschichte

Deshalb werde ich dir jetzt auch eine Geschichte erzählen. Meine Geschichte. Sie handelt von meiner Initiation in die WILDE KIRCHE. Die äußeren Fakten sind in dieser Geschichte sekundär. Alles an dieser Geschichte ist »wahr« in einem tieferen Sinn. Die 16 Jahre zwischen meiner Pilgerreise und der Quest sind in dieser Erzählung auf einige Wochen und Tage verdichtet, denn es würde nicht nur den Rahmen sprengen, diese 16 Jahre hier nacherzählen zu wollen, die reinen Fakten würden auch nicht wirklich dazu beitragen, dir etwas Wesentliches von meiner subjektiven Erfahrung zu vermitteln. Fakten transportieren Wissen.

Die Weisheit aber, die sich in diesen 16 Jahren wie eine Perle in mir geformt hat, braucht eine Geschichte.

Das bedeutet auch, du musst nicht an meine Geschichte »glauben«. Ich möchte vielmehr den Raum bereiten für deine eigene Erfahrung dessen, was wir »das Heilige« nennen. Diese Erfahrung ist das Eingangstor in die WILDE KIRCHE. Die Frage ist dabei niemals, ob es geschieht, sondern nur, ob du es auch wahrnehmen kannst.

Nehmen wir also an, das Folgende wäre so passiert ...

Meine (Wieder-)Entdeckung der WILDEN KIRCHE

Vor vielen Jahren lernte ich zu beten. Nicht mit Worten, wie man es als Kind lernt. Ich lernte zu beten, ohne Worte zu verwenden. Mit dem Herzen. Und mit Füßen und Händen und mit dem Hintern auf der Erde. Ich lernte, dass und wie mein ganzes Dasein und Sosein mit allem, was mich ausmacht, Gebet sein kann.

Damals studierte ich Theologie. Das Studium hatte meinen Kinderglauben aufgelöst wie ein Säurebad und bereits meine Seele angegriffen. Ich wusste nicht mehr, was ich glauben konnte und sollte. Ich zweifelte an allem, was bisher als gewiss erschienen war.

Gott war für mich ein Fragezeichen geworden. Ein leeres, verbrauchtes und abgegriffenes Wort, das nur noch eine bedrohliche Sinnentleerung verhüllte. Das schöne, warme Gefühl im Bauch beantwortete meine Fragen nicht mehr.

Ich spürte zunehmend eine Abwesenheit Gottes. Wo war Gott in der Katastrophe? Wo war Gott, wenn Menschen an Hunger starben? Wo war Gott im Krieg, in der Diktatur, in Ausbeutung und Terror? Wo war Gott, als Millionen Juden in den Gaskammern starben? Getötet von Christen. Wo war Gott, als die amerikanischen Ureinwohner zusammengetrieben und abgeschlachtet wurden? Getötet von Christen. Wo war Gott, als der sogenannte Heilige Bonifatius die uralte Donareiche fällte, um zu beweisen, dass sie nicht göttlicher Natur war, und damit den Grundstein legte für die Entheiligung der mehr-als-menschlichen Welt und ihre gewaltsame Ausbeutung und Zerstörung? Ausgebeutet und zerstört von Christen.

Wie konnte ich noch Christ sein angesichts der unheiligen Schandtaten, die meine Vorfahren verübt hatten? Wie konnte ich Christ sein, wenn das Christentum, das die Menschwerdung Gottes verkündete, dafür missbraucht worden war und immer noch wurde, um Rassismus, Antisemitismus, Sklaverei und Naturzerstörung zu rechtfertigen?

Wie konnte ich noch Katholik sein, wenn ich damit Teil einer Institution war, die dieser Abwesenheit Gottes nicht nur nichts entgegenzusetzen hatte, sondern auch noch dazu beigetragen hatte und weiterhin zur Scheinheiligkeit beitrug? Ja, scheinheilig kam mir alles vor. Und das im wahrsten Sinne des Wortes: Mir war das Heilige verlorengegangen. Ich war in eine spirituelle Obdachlosigkeit gestürzt und fühlte mich heimatlos.

Noch dazu war ich damals ein junger Franziskaner und hatte immer mehr Mühe, das äußere Bild des »Geistlichen«, das ich abgeben wollte – oder meinte, abgeben zu müssen –, und meine Fragen und Zweifel und die innere Leere miteinander in Einklang zu bringen. Ich konnte nicht mehr beten, weil ich einfach keinen Sinn mehr darin sah. Ich empfand die Gemeinschaft der Brüder in dem kleinen Konvent, in dem ich zu der Zeit lebte, zunehmend als erdrückend. Die Brüder ihrerseits mieden mich und gingen irgendwann nicht mehr auf meine Fragen ein – und ich verstehe das heute sehr gut, denn ich verbarg meine abgründige Leere hinter der Fassade eines intellektuellen Hochmuts, der dabei war, sich in Zynismus zu verwandeln, für den nichts mehr einen Sinn ergeben konnte. Und ich wusste keinen Ausweg aus der Verbitterung, die mich immer mehr ergriff.

Meine (Wieder-)Entdeckung der WILDEN KIRCHE

Die Reise

Eines Tages packte mich eine Idee. Tief in der Seele. Wo war sie hergekommen? Ich weiß es nicht mehr. Früher hätte man gesagt, das sei der Ruf Gottes. Heute würden wir sagen, dass sie aus den Tiefen des Unbewussten aufgestiegen war, weil die Seele immer weiß, was gut und notwendig ist. Ich spürte jedenfalls, dass diese Idee mehr war als ein Strohfeuer. Sie versprach Heilung von meiner seltsamen Krankheit. Ich wollte eine Pilgerreise unternehmen. Nach Jerusalem. Ins Heilige Land. Zu Fuß und ohne Geld. Jerusalem war schließlich *Tabbur haOlam*, der Nabel der Welt, und genau da wollte ich hin, um Antworten zu finden.

Je länger die Idee zu einem praktischen Projekt heranreifte, desto mehr erfasste mich die Sehnsucht, eine echte spirituelle Erfahrung zu machen, ja ein frommes, aber auch zutiefst autonomes Opfer zu bringen. Ein Opfer, das sich jedem Vergleich entzog. Meine Familie hielt das für eine närrische und auch gefährliche Idee, aber ich fürchtete viel mehr, dass meine franziskanischen Brüder es für eine Art spirituellen Hochmut halten und deshalb nicht unterstützen würden. Zu meinem Erstaunen stimmte mein Ausbildungsverantwortlicher nicht nur zu, sondern drängte mich regelrecht, schon im Sommer desselben Jahres aufzubrechen. Ich sollte mir ein ganzes Semester Zeit nehmen für die Reise.

Damals sprach kaum jemand vom Pilgern. Santiago de Compostela war nicht interessanter als Jerusalem oder Rom. Und kaum jemand wollte zu Fuß an einen dieser Orte gelangen, geschweige denn ohne Geld. Ich aber war entschlossen, dem radikalen Beispiel meines geistlichen Meisters Franz von Assisi nachzufolgen. Auch ihn hatte es in den Orient gezogen. Heute wäre eine solche Reise, wie ich sie vorhatte, wahrscheinlich gar nicht mehr möglich. Damals jedoch konnte man Israel noch auf dem Landweg über die Türkei, Syrien und Jordanien erreichen. Ich entschloss mich, Assisi, die Heimat des Poverello, des kleinen Armen, wie Franziskus in Italien genannt wird, in den Weg hineinzunehmen. Das bedeutete allerdings, dass ich von Italien dann mit einem Schiff bis nach Griechenland würde fahren müssen. Dafür hatte ich etwas Geld tief unten in meinem Rucksack vergraben und wollte es vorher nicht anrühren. Aber ich kann schon jetzt sagen, dass meine Reise in Assisi zu Ende war, denn ich hatte alles, was ich suchte, gefunden, als ich dort ankam.

Der Wendepunkt

Ich war von Münster in Westfalen aufgebrochen, durch das Ruhrgebiet und dann den Rhein hinaufgewandert, durch die Schweiz über den Gotthard. Ich hatte den Comer See passiert und war südlich von Mailand auf die Via Francigena, den alten Franziskuspilgerweg, gestoßen, über den heute Bücher geschrieben werden, von dem ich aber damals nichts wusste. Dort fuhr man mich mit einer Barke über den Po, und ein alter Pfarrer drückte mir einen Stempel in mein Notizbuch. Es gab sogar einen Fototermin. Wahrscheinlich für die Zeitung, denn es kamen offenbar nur selten Pilger, und so war jeder Einzelne ein Ereignis.

Kurzum: Es war ein Weg voller Wunder. Es war eine unglaubliche Reise. Weniger wegen äußerer Ereignisse wie der Po-Überfahrt. Mich hatte vielmehr die ungeheure Gastfreundschaft unzähliger Menschen, denen ich begegnet war, tief beeindruckt. Ich war bereit gewesen, die Nacht auch im Freien zu verbringen, wenn sich kein Unterschlupf finden sollte, aber es gab keinen Tag, an dem ich nicht irgendwo einem Menschen begegnete, der mich freundlich aufnahm, bewirtete und mir einen Schlafplatz anbot.

Einmal – es war in der fünften oder sechsten Woche meiner Reise – war es eine alte Dame, die mich aufnahm. Sie hatte mich zuvor zum evangelischen Pfarrhaus und dann zum katholischen Altenheim geführt, aber dort war kein Platz für mich gewesen. Vor einigen Monaten war ihr Mann gestorben und sie lebte nun allein. Grund genug, mich stehen zu lassen, dachte ich mir, aber sie machte sich nur Sorgen, dass sie sich noch nicht hatte trennen können von den persönlichen Sachen ihres Mannes und die Wohnung deshalb »nicht aufgeräumt« sei, wie sie sagte. Als wir schließlich in ihrer Küche beim Abendbrot saßen, legte ich 20 Mark vor sie auf den Tisch. Ich erklärte, dass ich das Geld in den vergangenen Tagen geschenkt bekommen hatte und es ihr gern geben wollte als Ausdruck meiner Dankbarkeit. Sie aber fuhr mich zornig an, das sei wirklich unverschämt. Ich solle mein Geld behalten, ihre Gastfreundschaft sei nicht käuflich.

Ich war erschrocken und ich schämte mich, denn die Reaktion der alten Dame hatte den Finger in die Wunde gelegt: Ich war aufgewachsen in einer Familie und in einer Kultur, die glaubte, mit genügend Geld sei alles zu haben. Und so offenbarte die Begegnung mit der Frau einen tiefsitzenden Glaubenssatz: *Ich muss bezahlen.* Denn ich glaubte in Wahrheit tief in mir, diese Freundlichkeit nicht zu verdienen. Und nun lehrte sie mich – und lehrten mich alle, die mich aufnahmen –, dass mein bloßes Dasein genügte. Ich musste nichts tun, um willkommen zu sein – und das war neu für mich.

Diese Erfahrungen euphorisierten mich natürlich regelrecht und ich war entschlossen, bis nach Jerusalem zu gehen und diese wunderbare Welt, die ich entdeckt hatte, weiter zu erforschen. Eine Welt, in der es nicht um Glaubenswahrheiten ging und in der niemand fragte, ob ich nun das Richtige für wahr hielt. Glaube war in dieser Welt, die ich entdeckt hatte, vielmehr so etwas wie Vertrauen. Ein verletzliches Vertrauen, das auch missbraucht werden konnte. Es gab keine Sicherheit. Und genau in dieser Unsicherheit wurzelte alles Leben, alle Lebendigkeit und letztlich das, was wir Liebe nennen.

Dann nahm meine Reise eine unerwartete Wendung. Als wäre ich plötzlich mit dem Kopf gegen eine Wand aus Glas gelaufen, die zuvor unsichtbar gewesen war.

Nach zweieinhalb Monaten hatte ich Bologna erreicht und dort eine Nacht bei Franziskanerbrüdern verbracht. Mein Ausbildungsverantwortlicher war erkrankt und hatte sein Amt an einen anderen übergeben. Der Neue teilte mir bei unserem wöchentlichen Telefonat mit, dass die Ordensleitung noch einmal über meine Reise beraten hätte. Das Projekt sei doch zu gefährlich und nicht kontrollierbar. Es sei einigen Brüdern aufgestoßen, dass ich da allein »außerhalb des Gehorsams« herumliefe. Ich dürfe aber noch bis Assisi gehen, solle dann nach Hause kommen und den Rest des Semesters könne ich dann ja gern bei den Brüdern im Heiligen Land verbringen. Ich könnte ja mit dem Flugzeug reisen, das sei kein Problem. Für mich war das ein Schock.

Meine (Wieder-)Entdeckung der WILDEN KIRCHE

Das Kloster im Wald

Es war noch dunkel, als ich frühmorgens von Bologna aufbrach. Hin- und hergerissen zwischen Wut und Verzweiflung, Ohnmacht und wilder Entschlossenheit. Was sollte ich tun? Sollte ich gleich nach Hause fahren, mich beschweren, protestieren, den Orden verlassen – oder einfach weitergehen und »mein Ding« machen? Und hinter all diesen Fragen, die in meinem Kopf herumschwirrten, öffnete sich nun noch einmal größer der Abgrund meiner inneren Leere: Ich wusste nun endgültig nicht mehr, wo ich hingehörte.

Ich war vielleicht zwei Stunden auf der Landstraße gewandert, als es zu regnen begann. Es sollte nicht mehr aufhören an diesem Tag und weitere vier Wochen nicht. Die Wolken hingen schwarz am Himmel und so tief, dass sie fast die Erde berührten. Ich trug einen großen Regenponcho, aber der Regen prasselte mit solcher Wucht auf den Asphalt, dass das Wasser an Schuhen und Hose hochspritzte. Nach drei Stunden war ich bis weit über die Knie durchnässt. Ein Geländewagen hielt neben mir und Förster nahmen mich mit auf ihr Revier. An einem elektrischen Heizgerät konnte ich meine Hosenbeine ein wenig wärmen. Aber bald kam die Frage auf, was mit mir passieren sollte. Ich hatte keine Pläne für eine Unterkunft, ich wusste ja nicht einmal mehr, wo ich war. Und Geld hatte ich eben auch keines. Da die Förster ratlos waren und, soweit ich es verstand, ihre Mittagspause nicht mit mir verbringen wollten, luden sie mich in ihr Auto und fuhren mich – es dauerte eine ganze Weile – zu einem Kloster, das irgendwo im Wald lag. Vor der Kirche, an die sich ein kleiner Konvent schmiegte, war ein freier Schotterplatz. Es regnete immer noch heftig und so fuhren wir direkt an das von schmächtigen Säulen getragene Vordach, das den Eingang zur Kirche schützte und auch zur Klosterpforte führte. Ein alter Bruder öffnete, ein Franziskaner. Ich war zu Hause. Es wurden einige Informationen ausgetauscht und die Förster verabschiedeten sich höflich. Es war Mittagszeit. Der Bruder führte mich in die Küche, wo an einem mächtigen Esstisch drei weitere Brüder saßen. Ein würziger Duft erfüllte den Raum. Die rußgeschwärzte Decke erzählte von Jahrhunderten, in denen hier bereits gekocht und – so schien es – auch gegessen worden war. Ich nahm Platz, und nach einem kurzen Gebet begannen wir zu essen. Es gab Pasta, Hühnchen und ein gebackenes Gemüse. Es war die köstlichste Mahlzeit meines Lebens. Die nassen Schuhe spielten keine Rolle mehr. Die rot-weiß-karierte Tischdecke hat sich mir ins Gedächtnis eingebrannt. Ich sehe sie immer noch vor mir, ebenso wie die lustigen Bierhumpen, aus denen die Brüder zum Nachtisch Vin Santo tranken, um den trockenen Zitronenkuchen hinunterzuspülen. Ich verstand nur wenig von dem, was gesprochen wurde, und obwohl ich das Gefühl hatte, gerade meine Heimat verloren zu haben, fühlte ich mich auf eine ungekannte Weise zu Hause angekommen.

Ein Gespräch, das alles verändert

Draußen regnete es und es hörte nicht auf. Also blieb ich bei den Brüdern. Ich betete mit ihnen, ich nahm an den Mahlzeiten teil und lag den Rest der Zeit auf meinem Bett und grübelte. Fra Cristoforo muss meine innere Unruhe gespürt haben. Er stammte aus Südtirol und sprach sehr gut Deutsch. Als er fragte, was mich umtreibe, brach es aus mir heraus. Ich weinte wie ein Kind, das sich die Knie aufgeschürft hat, und erzählte ihm die ganze Geschichte. Er hörte sich alles an und sagte nichts. Wir gingen still nebeneinanderher in dem kleinen Kreuzgang. Dann legte er seine Hand auf meine Schulter und sagte, ich solle weiter beten, Gott werde mir den Weg weisen. Und ich sagte, genau das sei mein Problem: Ich könne nicht mehr beten, wenn ich es überhaupt je gekonnt hatte. »Was ist für dich Gebet, junger Bruder?« Ich blieb stehen und dachte nach. Und ich war irritiert. Eine Katechismus-Stunde schien mir unpassend angesichts meiner Sorgen. Aber Cristoforo sah mich erwartungsvoll an mit einem breiten Grinsen.

»Nun«, sagte ich zögernd und ein bisschen widerwillig, »das Stundengebet am Morgen, am Abend, das Gebet im Gottesdienst.« »Das ist das Gebet in Gemeinschaft«, sagte er. »Ich meine, was du tust, wenn du dich – wie Jesus sagt – ›in deine Kammer‹ zurückziehst. Wenn du wie er ›an einen einsamen Ort‹ gehst, um zu beten.« Er wartete nicht auf meine Antwort, sondern setzte sich wieder in Bewegung.

»Als Kind habe ich immer mit Gott gesprochen«, sagte ich. »Ich war sicher, er hört mich, aber jetzt ist da nur noch Schweigen. Es fühlt sich an wie eine Wand ohne Fenster, ohne Tür. Es macht keinen Sinn mehr, zu beten. Alle Gebete erscheinen mir wie eine Fassade, die wir Menschen nur aufstellen, um uns vorzugaukeln, dass Gott noch da sei. In Wirklichkeit ist da aber nichts. Nichts als erschreckende, abgrundtiefe Leere.«

»Mein lieber Bruder« – Cristoforo blieb stehen und sah mich an. »Es stimmt: Viele bleiben im Gebet am äußeren Rand stehen. Sie halten sich an den Worten fest. Sie wagen es nicht, die Leere, von der du sprichst, tiefer zu erforschen. Aber warum tust du es nicht?« Ich wich seinem Blick aus: »Wie meinst du das: erforschen?« Er sah mich immer noch an: »Wer betet, wer wirklich betet und weiter zu beten wagt, wenn die Leere kommt, ist wie ein Wissenschaftler, ein Forscher, der sich ins Unbekannte hinauswagt. In Bereiche, in die zuvor niemand vorgedrungen ist. Forscher folgen ihrem Nichtwissen, sonst würden sie nie etwas Neues erfahren. Das gilt auch für Dichter, Schriftsteller, Künstler, spirituelle Meister – ja, und für Betende. Bist du bereit, etwas zu riskieren und die Leere zu erkunden oder suchst du Sicherheit und versinkst lieber in Selbstmitleid?«

Ich schwieg. Ich war verletzt, fühlte mich von meinen eigenen Brüdern zurückgesetzt, unverstanden, nicht gesehen, und etwas in mir drängte mich, irgendjemandem zu erklären, was mich bewegte und was ich für richtig hielt. Ich suchte Bestätigung, Anerkennung.

»Es gibt kein Recht, verstanden zu werden«, sagte Christoforo leise, als hätte er meine Gedanken hören können. »Aber gerade in den Momenten, in denen du allein bist, ist Gott dir nah. Nimm den Sonnengesang – wahrlich eines der schönsten Gebete, die es gibt. Es kommt aus der tiefsten Höhle: Franziskus war blind, krank und schwach, und das Schlimmste: Seine Brüder hatten sich von ihm und seinem Ideal abgewendet. Er hatte die Leitung der Gemeinschaft abgegeben – aus Verzweiflung. Sein Lebenswerk war ihm entglitten. Nicht auf einem glorreichen Höhepunkt, sondern in der tiefsten Hilflosigkeit betete er den Sonnengesang, das große Loblied auf die Schöpfung. Der Sonnengesang ist wie ein Riss in der Wand, durch den Licht hin-

Meine (Wieder-)Entdeckung der WILDEN KIRCHE   33

durchscheint. Ähnlich ist es mit den Psalmen und vielen anderen wunderbaren Gebeten. Es bedarf eines inneren Schauens durch die Worte hindurch. Du musst dafür die Worte hinter dir lassen, so wie du eine Leiter wegwirfst, auf der du zuvor hochgestiegen bist.« Er schwieg einen Augenblick und sah mich dann an. »Ich schätze, für dich ist es Zeit, die Leiter wegzuwerfen.«

Ich war verwirrt. Zugleich spürte ich, dass sich mir hier eine Hand entgegenstreckte, und sie zu ergreifen oder nicht zu ergreifen, erschien mir wie eine Entscheidung, von der mein Lebensweg abhing. Eine Weichenstellung. Ich fühlte mich schon lange wie ein Narr. Unverstanden von der eigenen Familie und jetzt auch noch von den eigenen Mitbrüdern. Bisher hatte ich immer jemanden gesucht und gefunden, der mir versichert hatte, dass ich kein Narr sei. Aber Cristoforo fragte mich stattdessen, WAS für ein Narr ich künftig sein wollte: ein verbitterter – oder ein weiser? Das war neu.

»Dann erklär's mir«, sagte ich. »Wie geht das: die Leiter wegwerfen?« »Das müsstest du wissen. Du bist einer von uns. Was haben deine Brüder dich gelehrt?«, fragte Christoforo mit einem vorwurfsvollen Ton, so als müsse er nun die Arbeit anderer erledigen. »Ich weiß nicht«, sagte ich. »Wie meinst du das?« Er schnaufte. »Es erstaunt mich, wie unsere Novizen offensichtlich sich selbst überlassen werden, so als würde der Heilige Geist alles von allein bewerkstelligen. Der geistliche Weg ist aber kein Geschenk, das vom Himmel fällt. Er ist ein Abenteuer und er ist Arbeit. Manchmal schwere Arbeit. Aber letztlich ist er ein Handwerk, das man erlernen kann. Ein Garten erblüht auch nicht von selbst, sondern bedarf eines Gärtners, der den Boden bereitet, sät, pflanzt, hegt und pflegt und wachsen lässt, bevor er erntet und so – den Kreislauf von Werden und Vergehen beachtend – einen Raum schafft, in dem Leben entstehen, Wachstum sich vollziehen und uns alle nähren kann. Das Schöne ist: Unsere Seele sehnt sich nach dieser Arbeit, weil sie sich nach Wandlung und Wachstum sehnt. Und deshalb hast du diese Pilgerreise angetreten, mein junger Bruder: Du versuchst, diese geistliche Arbeit auf eigene Faust zu machen. Das ist sehr tapfer. Aber es fehlt dir offensichtlich die Unterstützung einer weisen Gemeinschaft, es fehlt Orientierung, Begleitung und Bestätigung.«

»Begleite du mich«, sagte ich. »Ich habe Zeit.« Christoforo lachte. »Ich habe das ganze Semester frei«, fügte ich eilig hinzu. Christoforo sah mich an: »Lass mich darüber nachdenken.« Dann klopfte er mir hastig auf die Schulter, verschwand ins Treppenhaus und ließ mich im Kreuzgang zurück.

Mit Bruder Wind beten

In den darauffolgenden Tagen fühlte ich mich unsicher, leer und zugleich in freudiger Erwartung auf etwas, das für mich noch nicht greifbar war. Christoforo aber ließ mich schmoren. Ab und zu nickte er mir freundlich zu während der Gebetszeiten und ich blickte fragend zurück. Beim Essen sprachen wir über dies und das – vor allem über das Wetter –, nicht mehr aber über unser Gespräch im Kreuzgang. Draußen regnete es unaufhörlich und eine Weiterreise war vorerst nicht in Sicht. Die Wolken hingen trüb am Himmel und vernebelten die Landschaft. Es war nicht kalt, aber dieses Wetter verwandelte alles in einen undefinierbaren Brei. Wenn ich es nicht gewusst hätte, wäre ich nicht sicher

Meine (Wieder-)Entdeckung der WILDEN KIRCHE 35

gewesen, ob wirklich Sommer war. Ich fühlte mich in meiner Zelle in diesem Kloster in diesem Wald wie eine Raupe, die – in einen Kokon eingesponnen – sich nicht mehr bewegen kann, nicht mehr weiß, wer sie ist und wer sie noch werden könnte; und doch spürte ich, dass in diesem Dazwischensein eine Fülle von Möglichkeiten lag.

»Als Erstes«, sagte Cristoforo am dritten Tag nach unserem Gespräch völlig überraschend zu mir, »lerne zu beten mit Bruder Wind.« Ich sah ihn fragend an. »Wir lieben das ›gute‹ Wetter, den Sommer. Aber der bringt – wie du siehst – nicht nur ›schöne‹ Tage. Was ist schön? Was ist gut? Hitze kann drückend werden und wir sehnen uns nach dem Wind, der Wolken und Regen hertreibt. Und auch wenn es regnet und Wolken den Himmel bedecken oder sogar die Erde, so wie jetzt, dann ist die Sonne doch da und wärmt uns. Bete, bis du ihre Gegenwart spürst, und freue dich an ›heiterem und jeglichem Wetter‹.« »Wo soll ich beten? Und wie bete ich? Und wie oft?« Cristoforo lachte. »Wo bist du JETZT? WIE bist du? Und wie OFT?« Er sah mich erwartungsvoll an und antwortete gleich selbst: »Ja, diese Fragen machen ebensowenig Sinn wie deine. ›Betet ohne Unterlass‹, sagt der Apostel. Man kann in Wahrheit nicht nicht beten, mein lieber Bruder.« Mehr sagte er nicht und überließ mich meiner Ratlosigkeit.

Da ich keine Ahnung hatte, was ich tun sollte, begann ich einfach mit dem, was ich glaubte, verstanden zu haben. Ich schloss die Augen und versuchte, mir die Sonne vorzustellen. Aber da waren dunkle Wolken am Himmel, in der Ferne blitze und donnerte es. Mein inneres Wetter war bestimmt von einem Nebel, der sich überall ausbreitete, die Sicht verstellte und alles einhüllte. Mir war auch kalt. Bei diesem inneren Wetter blieb es. Die meiste

Zeit lag ich nun fröstelnd im Bett, stand nur zu den Mahlzeiten und zum Stundengebet auf. Ich hatte den Eindruck, dass ich immer tiefer in der Nebelsuppe versank. Diese Übung machte keinen Spaß. Ich wollte mich bei Cristoforo darüber beklagen; allerdings fand ich ihn nirgendwo und setzte mich schließlich in die Kirche, weil ich wusste, dass er irgendwann kommen würde, um den Gottesdienst vorzubereiten.

Mein Blick fiel auf ein Gemälde, das den heiligen Franziskus zeigte. Er war offensichtlich auf eine Art Steinaltar geklettert und stand praktisch im Himmel. Nackte Engelchen mit Flügeln schwirrten aufgeregt um seinen Kopf herum oder saßen auf Wolken und schauten ihm zu. Er reichte seinen Brüdern vom Altar Schnüre herab. Es waren Zingula. Zingulum nennt man die Schnur, die den Habit der Brüder zusammenhält mit den drei Knoten für die evangelischen Räte: Armut, Keuschheit und Gehorsam. Die Brüder verteilten die Zingula an die Menschen, die unterhalb des Sockels standen und die Hände ausstreckten: Könige, Kleriker, Frauen, Männer, Kinder, Junge und Alte. Was wollte dieses seltsame Bild sagen? Franziskus holt die Evangelischen Räte aus dem Himmel – für alle? Alle sollten also an den himmlischen Früchten teilhaben können. Eine Art geistliche Demokratisierung über alle Standesgrenzen hinweg. Ein antiklerikales Bild, dachte ich. Dann fiel mein Blick auf die dicken grauen Wolken, die bis zum Boden reichten und auf denen die Engelputten saßen. In den Wolken waren auch schemenhaft Gesichter zu erkennen, so als ob die Menschen unten im dichten Nebel standen, Franziskus aber war in den Himmel hinaufgeklettert, sodass über seinem Kopf die Sonne hell strahlte. Die Sonne! Wo war die Sonne? Natürlich – die Nebelwand und die Wolken ließen keinen

Lichtstrahl durch, und doch war es ja hell, denn ich konnte die Wolken sehen. Irgendwo musste die Sonne sein. Ich stellte mir vor, wie sie über der dichten Wolkendecke am Himmel stand. Und ich erinnerte mich an die Worte von Cristoforo: »Bete, bis du ihre Gegenwart spürst.«

Ich stellte mir also vor, über meinem Kopf leuchte dieses helle Licht der Sonne. Anfangs saß ich nur still da, schloss die Augen, und bald leuchtete dieses Licht nicht nur über mir, es wärmte mich auch spürbar. Wenn ich die Augen öffnete, verschwand das Licht aus meinem inneren Blickfeld. Aber mit der Zeit gelang es mir, wenn ich bewusst daran dachte, das Leuchten über mir wahrzunehmen, auch wenn ich Geschirr spülte, die Zähne putzte oder den Kreuzgang kehrte. Das Licht verschwand allerdings, sobald ich mich nicht mehr bewusst darauf konzentrierte. Ich bemerkte, wie ich mich forttragen ließ von meinen Gedanken, zu grübeln begann oder mich meinen Gefühlen hingab. Dann versank ich in meinem Nebel, bis ich mich wieder erinnerte.

Es dürften etwa drei oder vier Tage so vergangen sein, in denen mir langsam aufging, was Cristoforo damit gemeint hatte, als er sagte, ich solle »mit Bruder Wind beten«. Die grauen Gedanken, das Grübeln darüber, wie es weitergehen sollte, die Ungewissheit, die Ratlosigkeit – all das war immer noch da. Aber ich war nicht mehr ganz eins mit all dem. Ich war mehr als das. Ich war auch der, der all das wahrnahm: Ich spürte meine Wut. Ich spürte meine Ohnmacht. Ich spürte meine Trauer. Ich spürte meine Angst, meine Zweifel. Jegliches Wetter, das Bruder Wind herwehte und wieder fortwehte, wie es ihm gefiel. Und Bruder Sonne, der über allem leuchtete und alles wärmte: die Gegenwart Gottes, die dem Wind beim Tanzen zuschaut.

Mit Schwester Wasser beten

»Es wird Zeit, weiterzugehen«, sagte Cristoforo einige Tage später, und ich spürte einen Widerstand dagegen. »Dachtest du, das wäre es schon, mein junger Bruder?« Er lachte. Tatsächlich hatte ich Gefallen an der Übung gefunden. Sie war schließlich doch leicht und fühlte sich angenehm an. Sie hatte mir eine Sanftheit gebracht und den Druck aus all dem genommen, was mich beschäftigte. Ich kreiste nicht mehr um die immer gleichen Gedanken, sondern fühlte eine Freiheit, und Christoforo muss das gespürt haben. »Jeder Frühling endet und wird zum Sommer. Jeder Sommer endet und wird zum Herbst. Jeder Herbst endet und wird zum Winter, sodass es wieder Frühling werden kann«, sagte Cristoforo. »Wenn wir stehenbleiben und eine Jahreszeit festhalten wollen, dann sind wir nicht ganz lebendig. Dann schauen wir zum Himmel, aber vergessen, dass wir auch unsere Wurzeln nähren müssen, um den Stürmen standhalten zu können.«

Mir wurde in diesem Augenblick bewusst, dass ich nicht immer hier im Wald bei den Brüdern würde bleiben können. Und der Gedanke daran trieb mir die Tränen in die Augen. »Ja, lausche den Tränen. Bete mit Schwester Wasser. Sie ist es, die das Leben kostbar macht. Ohne sie könnten wir nicht leben. Lass dich von ihr mitnehmen. Folge dem Bach, der zu einem Strom werden kann. Du weißt, der Ozean nimmt jeden Strom gütig auf. Gott ist noch größer als der Ozean und dein Atmen ist wie das beständige und unaufhörliche Wogen der Wellen in ihm. Ein und aus. Hin und her. Ganz gleich, wo Schwester Wasser dich hinführt, ob sie leise säuselnd vor sich hinplätschert oder sich in einen reißenden Strom verwandelt. Alles mündet in den Ozean und sein Rauschen, sein Wogen.«

In den folgenden Tagen lag meine Aufmerksamkeit auf meinem Atem. Und es war, als wäre ich eine Etage hinuntergestiegen. Über mir strahlte innerlich immer noch die Sonne, aber meine Aufmerksamkeit lag jetzt dort, wo der Atem ein- und ausströmte und meinen ganzen Oberkörper bewegte. Direkt am Kloster gab es einen kleinen Bach. Es regnete zwar immer noch, aber es zog mich dennoch hinaus zu diesem Bach. Ich nahm meinen Regenponcho und fand eine Stelle, nicht direkt am Bach, aber doch nah genug, unter einer Buche, die weniger von dem Regen durchließ als die anderen Bäume. Dort saß ich und lauschte dem Rauschen und Plätschern des Wassers. Und atmete. Der Bach hatte etwas Heilsames, obwohl ich mich nicht so leicht fühlte wie mit Bruder Wind. Schwester Wasser strahlte für mich etwas Trauriges aus. Eine sanfte, traurige Kraft. Aber eine Kraft, die mächtig und reißend werden konnte. Der Bachlauf war voller Steine. Kleine und große und sehr große, die Gumpen bildeten, in denen mehrere Erwachsene hätten baden können. In den Felsen sah ich wie in einem Spiegel all das, was in meinem Leben hart geworden war. Erinnerungen aus der Kindheit tauchten auf, Schmerz, den das Schicksal in meinem Leben hinterlassen hatte und der mich hart gemacht hatte. Niemand konnte diese Felsen beseitigen, aber Schwester Wasser hatte sie über lange Zeit geschliffen und zärtlich gerundet. Und sie hatte ihnen auf diese Weise eine Sanftheit und Schönheit verliehen. Und alle Tränen, die ich weinte, hatten eine ähnliche Wirkung auf meine Seele. Sie verwandelten die Trauer, gaben ihr eine Form, die etwas Sanftes, Tröstendes hatte. Und alles richtete sich aus auf etwas Größeres, auf ein Ziel: den

Ozean, der alles in sich aufnahm. Wenn ich die Augen schloss, hörte ich in jedem Atemzug das Rauschen der Wellen.

Mit Bruder Feuer beten

Ich war nun sicher schon mehr als zwei Wochen bei den Brüdern im Wald, aber ich hatte mein Zeitgefühl verloren. Auch an das wöchentliche Telefonat nach Hause hatte ich nicht mehr gedacht und erfuhr später, das Fra Cristoforo mit meinen Verantwortlichen in Deutschland gesprochen und ihnen erklärt hatte, dass ich aufgrund einer außergewöhnlichen Wetterlage nicht fortkonnte. Tatsächlich regnete es immer noch. Ich hatte noch nie eine so langandauernde Regenzeit erlebt und die Brüder ebenfalls nicht. Das Wetter war das vorherrschende Thema bei den Mahlzeiten. Auch stellte dadurch niemand meine Anwesenheit in Frage. Ich war wie ein Schiffbrüchiger, den man aus den Wassermassen gerettet hatte.

Eines Tages entdeckte ich in der kleinen Kirche hinten in einem Winkel eine ziemlich kitschige Darstellung des Sonnengesangs. In der Mitte des kreisförmigen Bildes stand Franz von Assisi in brauner Kutte mit ausgebreiteten Armen, den Kopf zum Himmel erhoben, so als wollte er vor Freude die ganze Welt umarmen. Hinter ihm, wie ein Heiligenschein, erstrahlte die Sonne. Das ganze Bild war umgeben von einer tiefblauen Dunkelheit, in der kleine Sterne leuchteten. Franziskus stand auf einer Mondsichel und darunter waberte ein Meer von Wolken, aus denen es hier und da regnete, auch ein Blitz war zu sehen. Rechts von ihm breitete sich ein Ozean aus mit einer glitzernden Wasseroberfläche,

Meine (Wieder-)Entdeckung der WILDEN KIRCHE 41

die in den dunklen Sternenhimmel mündete. Aus dieser Dunkelheit wuchsen Feuerzungen, die sich über Franziskus ausbreiteten und sich links von ihm verwandelten in Blumen auf einer grünen Wiese und in eine Landschaft, aus der sich am Horizont bewaldete Hügel erhoben. Zum ersten Mal wurde mir bewusst, dass im Sonnengesang nicht konkrete Tiere und Pflanzen besungen werden, sondern die vier Elemente: Luft, Wasser, Feuer, Erde.

»Wie geht es weiter?«, fragte ich Cristoforo. Er sah mich überrascht an. »Bist du denn schon so weit?« »Jetzt kommt Bruder Feuer. Ich habe das Bild in der Kirche entdeckt«, sagte ich. Und bevor er etwas sagen konnte, fragte ich: »Warum besingt Franziskus im Sonnengesang die vier Elemente?« »Woher soll ich das wissen?«, sagte Cristoforo achselzuckend. »Wir können ihn schlecht fragen.« Er lächelte mich an und fügte hinzu: »Ist es so verwunderlich? Er besingt die ganze Schöpfung, und die besteht nun einmal aus diesen vier Elementen, jedenfalls war das jahrtausendelang die Vorstellung der Menschen, bis unsere moderne Wissenschaft das Bild ein bisschen erweitert hat. Aber wir Menschen orientieren uns wahrscheinlich immer noch besser mit der Zahl Vier. So gibt es auch vier Himmelsrichtungen. Und vier Jahreszeiten und – bedenke das – vier Evangelien. Alles fand Franziskus in dieser Schöpfung: Sommer und Winter, Tag und Nacht, Hell und Dunkel, Geborenwerden und Leben, Sterben und Auferstehen, Loslassen und Neubeginnen. Die Schöpfung ist ein Spiegel, wie Bonaventura sagt, in dem wir Gott schauen können. Und Franziskus hatte nur diese eine Sehnsucht: Gott zu schauen. Deshalb folgte er Christus nach und wollte sein wie er. Und er verstand, dass er dafür nicht aus der Welt fliehen musste. Im Gegenteil. Er steht mit seinem ganzen Leben, Wirken und

Sterben für die Überzeugung, dass wir das Heil nicht außerhalb dieser Wirklichkeit finden, sondern nur in ihr und als Teil von ihr. Gott ist Mensch geworden, und so ist unsere Aufgabe auch nicht, übermenschlich zu werden, sondern nur das: Mensch zu sein, ausgespannt in Raum und Zeit, in der Dynamik der Elemente, deren Tanz miteinander Leben hervorbringt. Ja, das ist das Leben. Und das ist Beten. Es ist eigentlich dasselbe. Die Frage ist natürlich, was uns daran hindert, frei und mit Hingabe zu tanzen. Wir Menschen haben offenbar die Wahl. Wir können aussteigen aus diesem Kreis. Das ist der Grund, warum du übst. Es geht auf diesem spirituellen Weg weniger darum, etwas Besonderes zu lernen, als vielmehr darum, etwas zu verlernen. Etwas will losgelassen werden. Hingegeben. Echte Gemeinschaft setzt Hingabe voraus. Und die Schöpfung ist die Gemeinschaft aller Dinge und Lebewesen, die im großen Herzen Gottes existieren.« Wir schwiegen einen Moment. Heute verstehe ich, glaube ich, was er sagte. Damals aber spürte ich nur eine tiefe Verbundenheit. »Dann bete nun mit Bruder Feuer«, sagte Cristoforo. »Entzünde ein Licht in deinem Herzen, wenn nicht schon längst eines brennt. Wofür brennt es? Wofür brennst du? Was erfüllt dein Herz? Wer hat Platz am Feuer in deinem Herzen? Wen kannst du im Winter wärmen? Sei aufmerksam für dein Herz. Ein Licht leuchtet in der Finsternis und die Finsternis hat es nicht erfasst – was bedeutet das für dich?«

Ich übte also weiter. Das Strahlen der Sonne über mir war zu einer ständigen Begleitung geworden. Wenn ich meinem Atem folgte, so war mir, also zöge er mich unter Wasser. Aber ich ertrank nicht, im Gegenteil. Die Gedanken kreisten irgendwo oben über der Wasseroberfläche, aber hier unten war es angenehm still. Und neu war die Erfahrung, dass ich gewissermaßen unter Was-

Meine (Wieder-)Entdeckung der WILDEN KIRCHE

ser atmen konnte. Und nun spürte ich mein Herz klopfen. Von meiner Brust aus breitete sich ein Gefühl von Wärme aus, das in meinen ganzen Körper hineinstrahlte. Es war, als stünde mein Herz in einer Verbindung mit der Sonne über meinem Kopf. Als wäre mein Herz ein Spiegel dieses großen Lichtes. Und doch war mein Herz auch eine selbständige Quelle von Wärme und Licht. Sie ergriff nicht nur mich, sondern ging über mich und meine Grenzen hinaus. Ein Gefühl von Dankbarkeit entfaltete sich. Und es war noch mehr: Es war ein tiefes Verstehen über alle Grenzen hinweg.

In meiner Erinnerung tauchten Menschen auf, an die ich plötzlich denken musste. Es war, als würde ich sie ganz sehen. Und bedingungslos. Sie waren mir nichts schuldig. Meine Brüder zu Hause, deren Entscheidung ich nicht nachvollziehen konnte. Meine Familie, meine Eltern, von denen ich mir zutiefst immer nur eines gewünscht hatte: Anerkennung. Ich sah sie nun in ihren eigenen Bedürfnissen. In ihrer Suche nach Sicherheit und in ihrer Angst vor allem Fremden, die wahrscheinlich mit Ereignissen zusammenhingen, deren Erinnerung sie in sich trugen und die ihr Herz fesselten. Die Worte von Cristoforo kamen mir in den Sinn: »Es gibt kein Recht, verstanden zu werden.« Ja, ich sah ein, dass Liebe nicht gebunden ist an Verstehen. Liebe geht tiefer, sie sieht ins Herz. Und ich fühlte in diesem Moment nichts als Liebe im Herzen.

Heute weiß ich, dass wir irgendwann im Leben diesen Blick ins Herz und aus dem Herzen lernen müssen, sonst können wir nicht wirklich Verantwortung für irgendetwas oder irgendwen übernehmen. Dann bleiben wir Kinder, abhängig vom Urteil und Verständnis der anderen.

Mit Mutter Erde beten

Eines Morgens – ich wollte gerade beginnen, die Kirche zu fegen – sprach mich Cristoforo an: »Bist du nun bereit, hinauszugehen?« »Was meinst du?«, fragte ich und war verunsichert. Wollen sie mich jetzt fortschicken?, dachte ich sofort. »Jetzt kommt doch noch Schwester Erde«, sagte ich. »Schwester Mutter Erde«, korrigierte mich Cristoforo. »Was in aller Welt haben deine Brüder im Norden dich gelehrt? Schau genau hin. Franziskus spricht von Mutter Erde. Ist dir das noch nie aufgefallen?« »Doch«, sagte ich, »jetzt, wo ich es höre, fällt es mir auf. Ich habe mir nie etwas dabei gedacht.« »Natürlich«, wiederholte Cristoforo. »Unsere moderne Kultur hat vergessen, dass die Erde unsere Mutter ist. Wir finden das in allen Kulturen, nur wir haben es vergessen. Das ist seit eh und je der Glaube der kleinen Leute. Und Franziskus singt im Sonnengesang ein Lied der kleinen Leute. Er hat gelebt wie sie, nicht in Steinhäusern wie die Reichen und Mächtigen, sondern in Hütten, ja sogar in Laubhütten im Wald um die kleine Kapelle Portiuncula herum. Er hat nicht einmal einen Tisch benutzt, um zu essen. Sie haben auf dem Erdboden gesessen und Mahl gehalten. Auf dem Antlitz von Schwester Mutter Erde, die alles Lebendige hervorbringt und uns trägt und ernährt und erhält.« Cristoforo hatte die Augen geschlossen, so als würde er in seinem Inneren alte Erinnerungen betrachten. »Franziskus hat sich zum Gebet zurückgezogen an wilde Orte, und dort hat er in Felshöhlen, manchmal tief unter der Erde und in der Erde, gebetet. Tag und Nacht. Und zum Sterben ließ er sich nackt auf den Erdboden legen.« Er schwieg einen Moment. »Mein junger Bruder« – Cristoforo sah mich jetzt an – »wir sind alle Erdlinge.

Meine (Wieder-)Entdeckung der WILDEN KIRCHE 45

Von Mutter Erde kommen wir und zu ihr kehren wir zurück. Sie wandelt alles Leben in immer neues Leben. Also wird es Zeit, sich mit ihrem Geheimnis zu verbinden.«

»Und was meinst du mit ›hinausgehen‹?«, fragte ich. »Nun, du wirst doch hinausgehen. Jesus hat 40 Tage und Nächte in der Wüste verbracht. Ganz so lange muss es natürlich nicht sein.«

»Also auch in der Nacht?«, fragte ich. Cristoforo lachte. »Raus in den Wald?«, fragte ich, und er lachte noch lauter. »Wo immer du magst, aber da draußen«, sagte er und zeigte mit der Hand in Richtung Fenster, wo der Wald, der das Kloster umgab, im Nebel lag. Es regnete immer noch. Ich spürte, wie mir die Knie ein wenig weich wurden. Ich hatte natürlich einen Schlafsack dabei und wir hatten im Noviziat schon öfter draußen übernachtet. Allerdings war ich doch froh gewesen, niemals auf meiner Reise eine Nacht allein draußen verbringen zu müssen. Denn das machte mir Angst. Und jetzt spürte ich, dass es nicht nur eine äußere Angst war vor irgendetwas vermeintlich Bedrohlichem, das aus der Dunkelheit auftauchen könnte. Nachdem ich nun so viele Tage in mich hineingelauscht hatte, war mir, als blickte ich in ein großes dunkles Loch in meinem Inneren. Und von ihm ging eine weit größere Bedrohung aus als von sämtlichen Löchern, die ich im Wald um das Kloster hätte finden können.

»Hast du Angst?«, fragte Cristoforo und sah mich ernst an. »Ja«, sagte ich. Tränen stiegen mir in die Augen, denn er hatte einmal mehr mitten in mein Herz geschaut. Es fühlte sich gut an, ich fühlte mich gesehen und angenommen. Die Art, wie er fragte, setzte mich nicht unter Druck. Sein Mitgefühl machte mir vielmehr Mut, weil es meine Wahrheit anerkannte. Es ging nicht darum, meine Angst loszuwerden. Es ging darum, ihr in die Augen zu schauen. »Ich würde mir Sorgen machen, wenn du keine Angst hättest«, sagte er. »Reich der Angst die Hand. Befrag sie, erforsche die Dunkelheit, aus der sie aufsteigt. Denn jeder Neubeginn kommt aus dieser Dunkelheit, von dort kommt das Leben. Wir können so vieles nicht kontrollieren, auch wenn wir das glauben.« Wir schwiegen einen Augenblick. »Wann wirst du hinausgehen?« Ich wusste nicht, was ich antworten sollte. »Ich weiß nicht«, sagte ich unsicher. »Du wirst den Zeitpunkt finden. Gib mir bitte Bescheid, damit ich weiß, wenn es so weit ist. Ich werde dich begleiten«, sagte Cristoforo. »Du gehst mit mir?«, fragte ich überrascht. »Nein, junger Bruder. Ich werde hier für dich beten. Du gehst selbstverständlich allein hinaus. Und selbstverständlich kannst du draußen tun und lassen, was du willst. Aber wandere nicht umher in der Nacht.« »In der Nacht werde ich hoffentlich schlafen«, sagte ich. »Ich hoffe das nicht«, erwiderte Cristoforo. »Du willst doch nicht riskieren, den Augenblick zu verschlafen. Wie willst du die Dunkelheit erforschen, wenn du schläfst? Nein, du gehst hinaus, suchst dir einen Platz, markierst dir mit dem, was du vorfindest, einen kleinen Kreis, in dem du gerade sitzen kannst. Und wenn es Abend wird und es Zeit ist, dann gehst du in deinen Kreis und setzt dich mit deinem Hintern auf den Boden, nimmst deinen Platz auf Mutter Erde ein und bleibst dort, bis der Morgen anbricht. Es soll eine Nacht der Hingabe sein: Du gehst allein, also gibst du die Gemeinschaft; du hast kein Dach über dem Kopf, also gibst du allen Komfort und die Sicherheit; du isst nicht, also gibst du deinen Hunger hin und schließlich gib auch noch deinen Schlaf. Gib dich ganz, damit auch Gott dir ganz begegnen kann. Dein Platz wird dich alles lehren.«

Meine (Wieder-)Entdeckung der WILDEN KIRCHE

In den folgenden zwei Tagen versuchte ich, den richtigen Zeitpunkt zu finden, um hinauszugehen. Es regnete immer noch durchgehend. Der Boden war durchnässt. Fra Cristoforo erklärte mir, dass es nicht darum gehe, die Gesundheit aufzugeben. Er holte aus dem Keller eine alte Plane aus Plastik, die ich mit einer Schnur über meinem Platz aufspannen sollte, sodass ich darunter nicht nass würde. Gebet sei kein Überlebenstraining, erklärte er mir, auch wenn manche Narzissten daraus eine besondere Art der Artistik gemacht hätten. Es gehe nicht darum, zu leiden, sondern da zu sein. Und das gehe besser trocken und lebendig als nass und durchgefroren und am Ende womöglich krank.

Mehr aber als diese äußeren Fragen beschäftigten mich innere Dinge. Der Auftrag, hinauszugehen, hatte mich überrascht und im wahrsten Sinne des Wortes »auf die Erde« geholt. Ohne diese Übung wäre ich wahrscheinlich abgehoben. Ich hätte vielleicht sogar ganz in mir geruht; die Sonne über mir strahlend, hätte ich Bruder Wind zugeschaut, wie er durch mein Leben weht, mal als Brise, mal als Sturm. Ich wäre mit Schwester Wasser eingetaucht in die Tiefen des Daseins und hätte Bruder Feuer in meinem Herzen gehütet. Aber jetzt lag eine konkrete Nacht vor mir: auf der Erde draußen im Regen. Und das bewahrte mich vor einer Art Flucht aus der Welt. Es konfrontierte mich auf eine ungewohnt konkrete Weise mit Angst, Schutzlosigkeit, Ohnmacht. Und zugleich lockte mich eine Verheißung, die in diesem Abenteuer lag. Eine Kraft, die mich praktisch über mich hinausführte.

An einem grauen Morgen verließ ich dann das Kloster. Der Morgen war genauso grau wie alle Morgen in den Wochen zuvor. Cristoforo hatte mir zum Abschied ein Kreuz auf die Stirn gezeichnet und ins Ohr geflüstert: »Gott segne dich. Ich bete für dich.« Ich fühlte mich leer. Was tue ich hier?, fragte eine Stimme in mir. Aber diese Stimme spielte nicht mehr die Hauptrolle im Konzert des Daseins. Als ich meine Reise begonnen hatte, war ich praktisch eins mit dieser Stimme gewesen. Es war dennoch gut, dass sie da war. Misstrauen, Zweifel und Kritik hatten mich vielleicht auch vor mancher Dummheit oder Gefahr bewahrt. Aber ich wusste jetzt, was ich tat. Ich wollte hinaus. Meine Seele hatte sich auf ihre Weise bemerkbar gemacht und mich auf diese Pilgerreise geschickt. Und ich fühlte Dankbarkeit, dass es Menschen in meinem Umfeld gegeben hatte, die diese Stimme der Seele nicht nur mit mir hörten, sondern sie auch ernst nahmen und mich ermutigten, ihr zu folgen. Sonst wäre ich jetzt nicht hier in diesem Wald gewesen. Es war gut so, auch wenn ich nicht wusste, wo und wie es weiterging. Ich fühlte mich an einem leeren Punkt Null. Hier endete alles Bisherige. Und hier würde alles Kommende beginnen.

Ich spannte meinen Regenschutz auf und legte aus Steinen und Ästen einen halbwegs erkennbaren Kreis. Ich konnte gerade darin sitzen und mich an meinem Rucksack lehnen. Was sollte ich jetzt tun? Es regnete immer noch und meine größte Sorge war, nass zu werden und dann in der Nacht zu frieren. Ich wagte also nicht, herumzuwandern. Spontan machte ich einen Schritt in den Kreis und nahm Platz, ohne darüber nachzudenken, dass ich nun fast 24 Stunden in diesem Kreis sitzen würde. Der Platz gefiel mir. In meinem Rücken standen Bäume. Ganz in der Nähe war auch die Buche, unter der ich am Bach gesessen hatte. Den Bach hörte ich, aber mein Platz lag auf einer kleinen Anhöhe, sodass ich vor mir über den Wald blicken konnte, der sich wie ein grünes Meer in eine Ebene ergoss und sich am Horizont an

Meine (Wieder-)Entdeckung der WILDEN KIRCHE

den Hügeln auftürmte, die im Nebel verschwanden. Ich genoss den Blick in die Weite. Und weil es mir im Sitzen dann doch zu unbequem wurde, lag ich schließlich eingerollt wie ein Embryo in meinem Kreis.

Ich weiß nicht, wie viele Stunden ich so verbrachte. Zum ersten Mal in meinem Leben, so schien es mir, tat ich gar nichts. Denn es gab nichts zu tun. Ich blickte noch einmal zurück auf die vergangenen Wochen. Obwohl es regnete und ich seit Wochen die Sonne nicht gesehen hatte, konnte ich doch die Wärme genießen, die Bruder Sonne spendete. Ich dankte Bruder Sonne und betete mit Franziskus: »Gelobt seist du, mein Herr, mit allen deinen Geschöpfen, besonders mit Bruder Sonne, welcher der Tag ist und durch den du uns leuchtest. Und schön ist er und strahlend mit großem Glanz: von dir, Höchster, ein Sinnbild.«

Ich erinnerte mich an die erste Begegnung mit Bruder Wind. Der Sturm hatte sich in den vergangenen Wochen gelegt und eine sanfte Brise war jetzt an seine Stelle getreten. Ich war innerlich zur Ruhe gekommen, aber es war eine lebendige Ruhe. Ich dankte Bruder Wind und betete mit Franziskus: »Gelobt seist du, mein Herr, für Bruder Wind, für Luft und Wolken und heiteres und jegliches Wetter, durch das du deine Geschöpfe am Leben erhältst.«

Ich folgte meinem Atem, wie ich es geübt hatte, und das verband mich mit der Bewegung des großen Ozeans. Alles mündete in diesen Ozean. Schwester Wasser hatte mich gelehrt, nicht alles kontrollieren zu müssen. Jeder Fluss mündet in den Ozean, jeder Weg ist auf eine geheimnisvolle Weise »richtig«. Jeder Weg ist einzigartig. Entscheidend ist es, im Fluss zu sein. »Gelobt seist du, mein Herr, für Schwester Wasser. Sehr nützlich ist sie und demütig und kostbar und keusch.« Immer war ich über dieses Wort »keusch« gestolpert. Es hatte immer den Beigeschmack von Verbotenem: Unterdrückung von Körperlichkeit, Lust, Genuss. Aber in Wahrheit hatte Keuschheit wenig mit Reinheit zu tun, sondern viel mehr mit Lebendigkeit. Viele Jahre, so schien mir, hatte ich festgesteckt, hatte ich meine Lebendigkeit verloren und war meine Seele betrübt. Die Bewegung der vergangenen Monate und Wochen hatte nun eine Klarheit gebracht und eine zärtliche Kraft offenbart, die – wie das Wasser – selbst die härtesten und kantigsten Felsen mit der Zeit sanft und anschmiegsam werden lassen konnte.

Eine ganze Zeit lang lauschte ich dem Sprudeln des Baches in der Nähe.

Wie gern hätte ich ein Feuer gemacht. »Gelobt seist du, mein Herr, für Bruder Feuer, durch den du die Nacht erhellst. Und schön ist er und fröhlich und kraftvoll und stark.« Ich dachte an die vor mir liegende Nacht, aber die Angst hatte sich aufgelöst. In diesem Moment, hier in meinem Kreis an meinem Platz, fühlte ich mich sicher, geborgen, angenommen und akzeptiert. Ja, akzeptiert. Nicht bloß geduldet. Ich dankte den Bewohnern des Waldes dafür, dass sie mir diesen Platz überließen. Wie mochte es den Tieren hier gehen mit der langen Regenzeit? Ich dachte dankbar an die Brüder, die mich in diesem Wald aufgenommen hatten, Fra Cristoforo, der mich geführt hatte, ohne mir eine Last aufzubürden. Ich dachte dankbar an all die Menschen, die mich auf dem Weg aufgenommen und unterstützt hatten. Die Förster, die mich hergebracht, die vielen, die mir ein Bett und eine Mahlzeit angeboten hatten. An meine Brüder zu Hause, an meine Familie. Ich sehnte mich nicht nur nach einem äußeren

Meine (Wieder-)Entdeckung der WILDEN KIRCHE

Feuer, das mich hier an diesem Platz wärmen könnte. In Wahrheit hungerte meine Seele nach dem Feuer echter Gemeinschaft. Ich sah mich selbst in der Vergangenheit herumlaufen und nach diesem Feuerplatz suchen; aber nun wurde mir bewusst, dass es heute meine Aufgabe war, selbst ein Feuer in meinem Herzen zu entzünden und andere einzuladen, sich zu wärmen. Ich wollte ein Feuerhüter werden.

Ich hatte jegliches Zeitgefühl verloren. Wie spät mochte es sein? Ich lag immer noch in meinem Kreis, eingerollt und eingewickelt in Pullover und Schlafsack. Mir war, als wäre ich verwurzelt mit der Erde unter mir und um mich herum. »Gelobt seist du, mein Herr, für unsere Schwester Mutter Erde, die uns erhält und lenkt und vielfältige Früchte hervorbringt, mit bunten Blumen und Kräutern.« Ein Wort stieg aus der Seele auf und gab der Erfahrung einen Namen: Frieden. Alles war gut. Jetzt.

Ich musste eingeschlafen sein. Als ich die Augen öffnete, wurde es bereits dunkel. Ich setzte mich auf, lehnte mich an meinen Rucksack. Ich legte mir den Schlafsack über den Kopf und die Schultern, denn ich fröstelte. Die Nacht brach herein. Langsam, aber finster. Die Wolkendecke verbarg auch das geringste Licht von Schwester Mond und den Sternen, und lange Zeit blieb es stockfinster. Weit in der Ferne sah ich den Himmel leuchten, wahrscheinlich eine Stadt. Aber ansonsten war es dunkel. Der Regen fiel auf die Plastikplane über mir und Tausende von Blättern hinter mir und erfüllte die Nacht mit seinem leisen Trommeln. Das war's. Es geschah nichts. Und doch war ich da. Ich atmete. Ich spürte mein Herz schlagen. Ich war einfach da. Endlich war ich da.

Der Regenbogen

Nach meiner Rückkehr aus dem Wald war alles wie zuvor, und doch war alles anders. Beim Frühstück sagte mir Fra Cristoforo, dass er in den kommenden Tagen verreisen würde zu einem Treffen von Brüdern in der Nähe des Klosters auf dem Berg La Verna. Ich könne mitfahren. Mir wurde klar, dass in dieser Einladung auch die Aufforderung lag, mich nun zu verabschieden. Von La Verna aus war es etwa noch eine Woche zu Fuß bis nach Assisi. Ich packte meine Sachen. Der Abschied von den Brüdern war kurz und herzlich und wir machten uns mit einem klapprigen alten Fiat auf den Weg.

Wir sprachen nicht viel, aber es war ein erfülltes Schweigen. Cristoforo fuhr auf Landstraßen und wir kurvten auf engen Wegen bergauf und bergab. Gegen Abend wurde der Himmel fast schwarz und es ergoss sich über uns ein veritabler Wolkenbruch. Die Scheibenwischer vermochten kaum, die Wassermassen von der Scheibe zu schieben, und wir kamen nur im Schritttempo voran. Schließlich aber brach der Himmel auf. Der Regen zog über uns hinweg und endete. Die Sonne lugte hinter der Wolkendecke hervor. Sie tauchte die Landschaft in ein oranges und violettes Abendlicht. Am Himmel vor uns in den dunklen Wolken erstreckte sich ein mächtiger Regenbogen. Cristoforo hielt mitten auf der Straße. Er öffnete hektisch das Handschuhfach vor mir und zog eine kleine Kamera heraus, stürzte aus dem Auto und machte ein Foto nach dem anderen. »Guarda!«, rief er aufgeregt, »schau mal«, so als wären meine Augen verschlossen gewesen und er hätte mich erst auffordern müssen, sie zu öffnen, um die wunderbare Erscheinung sehen zu können. Auch ich stieg aus und wir betrachteten, wie sich die Farben des Regenbogens langsam auflösten, bis sie schließlich ganz verschwanden. Der Regen hatte sich verzogen und Bruder Sonne strahlte am Horizont hinter uns, als wäre es nie anders gewesen.

Die Rückkehr

In Assisi traf ich meinen neuen Ausbildungsleiter. Er sagte mir, ich solle die Intervention der Ordensleitung nicht persönlich nehmen. Wahrscheinlich gehe es gar nicht um mich, sondern eher um einen Richtungsstreit unter den Brüdern. Ich kehrte zurück nach Münster, flog dann nach Israel und verbrachte dort den Rest meines Freisemesters. Es war eine gute Zeit.

Ich bin also nicht weitergegangen. Ich bin zurückgekehrt, auch weil ich mir selbst die Weiterreise nach Jerusalem damals nicht wirklich zutraute. Ich bin aber auch zurückgekehrt, weil ich mich bereits so reich beschenkt fühlte, dass mir gar nichts fehlte, was ich unbedingt noch hätte »erreichen« müssen. Dennoch war ich wütend und enttäuscht. Ja, ich schwebte keineswegs wie ein Heiliger zehn Zentimeter über dem Boden, falls das jemand annehmen sollte. Nein, ich war stinksauer auf meine Brüder in der Ordensleitung und schrieb meinem Provinzial einen langen Brief, in dem ich meinem Ärger Luft machte. Sie hatten ihre Streitigkeiten auf meinem Rücken ausgetragen und das fand ich unfair. Seine Antwort war allerdings ernüchternd. Er ging mit keinem Wort auf meine Argumente und Vorwürfe ein, sondern schrieb mir, wir sollten es nun gut sein lassen. Andere Männer in meinem Alter gingen arbeiten und sorgten für ihre

Familie, ich solle mich nun auch wieder sinnvollen Tätigkeiten zuwenden.

Kurz bevor das neue Semester begann, trat ich aus der Gemeinschaft aus. Heute bin ich meinem Provinzial dankbar. Eine Ordensgemeinschaft ist kein besserer Ort für Träumer und Idealisten, ebenso wenig, wie es irgendein exklusiver Ort auf der Welt wäre. Wir brauchen keine Heiligen, die die Welt verlassen; wir brauchen überall Feuerhüter und Feuerhüterinnen, die dafür sorgen, dass das Leben weitergeht. Und dafür brauchen wir allerdings Träume und Ideale.

Ich habe das kleine Kloster und meinen Platz im Wald nie mehr besucht. Einerseits, weil ich keine Gelegenheit hatte, andererseits aber, weil mir die Erinnerung an diese Zeit so kostbar erschien und ich meinte, sie nur so bewahren zu können. Vielleicht kommt einmal die Gelegenheit, den Ort zu besuchen. Ich fürchte nur, dass die Brüder nicht mehr leben – oder sie müssten mittlerweile mehr als hundert Jahre alt sein. Aber im Grunde ist das nicht wichtig. Sie und der Wald, der Bach, der ganze Ort – all das lebt in meinem Herzen und in meinem Hintern, mit dem ich auf der Erde saß. Die Erfahrungen sind mir in Fleisch und Blut übergegangen. Ich lebe verbunden mit Bruder Wind, Schwester Wasser, Bruder Feuer und Schwester Mutter Erde. Das ist mein Gebet geworden bis heute und meine Heimat ist diese WILDE KIRCHE.

REFLEXION

Die Seele entkolonialisieren –
Raum schaffen für die WILDE KIRCHE

Wenn ich die Augen schließe, liege ich immer noch in meinem Schlafsack an meinem Platz am Bach. Ich spüre die Erde unter mir und sehe immer noch den Mond zwischen den Baumwipfeln hindurchscheinen. Es war, als wäre die Zeit stehengeblieben. Alles stand still. Und bewegte sich doch. In Zeitlupe. Von Ewigkeit zu Ewigkeit.

Das, was ich dort in der Wildnis erlebt habe, ist das, was der US-amerikanische Tiefenpsychologe Bill Plotkin eine »Seeleninitiation« nennt.

Vor der Seeleninitiation ist unsere Wahrnehmung ego-zentriert. Unser Alltagsbewusstsein bestimmt, WAS wir sehen und WIE wir es sehen, das heißt unsere Vorstellungen über Dinge, Glaubenssätze, die wir gelernt haben und Urteile, die wir annehmen.

Wenn wir seelenzentriert schauen, nehmen wir wahr, was auch noch ist – gleichzeitig: Tag UND Nacht. Hell UND Dunkel. Freude UND Leid. Lust UND Schmerz. Die eine Sicht auf die Dinge UND auch eine andere Perspektive. Seelenzentriert wahrzunehmen bedeutet, mit den Augen Gottes zu schauen.

Das klingt vielleicht sehr übernatürlich, ist jedoch zunächst eine sehr körperliche Angelegenheit. Und dementsprechend ist die Erfahrung dieser Initiation auch nichts, was sich wie ein bestimmter Gedanke in Worte fassen und aufschreiben ließe. Die Erinnerung ist zuerst in meinen Füßen und in meinem Hintern, die den Boden berührten. Sie ist in meiner Nase, die den Geruch des Waldes aufnahm. Sie ist in meinen Ohren, die das Rauschen der Blätter, das Zwitschern der Vögel und das Gurgeln des Baches hörten. Sie ist in meinen Augen, die die Schönheit all dessen sahen.

Am Anfang ist da ein Staunen über all das und die tiefe Einsicht, ein Teil dieses Alls zu sein. Und all das war schon vorher da, ich habe es nur nicht wahrgenommen. Höchstens geahnt, denn ich bin in einer ego-zentrierten Kultur aufgewachsen, in der diese seelen-zentrierte Haltung keine Relevanz hatte.

Das ist wahrscheinlich der Grund, warum ich mich sehr lange in meinem Leben blind und taub gefühlt habe, so als wäre da noch etwas, das ich nicht sehen und hören kann, aber doch ahne und gern berühren möchte. Etwa so wie jener junge Mann, der seinen Großvater zu einer Ratsversammlung der Sioux begleiten durfte. Der Rat der Ältesten hatte über eine Anfrage der Regierung zu entscheiden, die einen Teil des Landes kaufen wollte. Der junge Mann nahm Platz hinter seinem Großvater, der mit den anderen Ältesten im Rat saß. Der traditionelle Redegegenstand – das kann ein nahezu beliebiges Symbol sein; nur wer es in Händen hält, darf sprechen, während alle anderen zuhören – kreiste, und mit großer Ruhe und Andacht wurde eine Geschichte nach der anderen geteilt. Der junge Mann war sehr berührt von all den Erinnerungen und Geschichten, die nicht nur ein Bild des Ursprungs zeichneten, sondern den Stolz und die Freude darüber fühlen ließen, was es bedeutet, ein Sioux zu sein. Es gab jedoch eine starke Stimme in diesem jungen Mann, die sich fragte, wann denn nun endlich über das Anliegen der Regierung gesprochen würde. Nach mehr als vier Stunden wurde der Redegegenstand wieder traditionell verhüllt und nach einer längeren Zeit des Schweigens ging der Rat auseinander. Der junge Mann platzte vor Ungeduld und überschüttete seinen Großvater mit Fragen:

Die Seele entkolonialisieren

»Was war das? Warum habt ihr keine Entscheidung getroffen?« »Du hast wohl nicht richtig zugehört«, lautete die Antwort des Großvaters. »Die Entscheidung ist getroffen. Das Land wird nicht verkauft.«

Ich kann den jungen Mann sehr gut verstehen. Auch ich wäre geplatzt vor Ungeduld. Auch ich hätte das Entscheidende übersehen und überhört. Denn vor meiner Seeleninitiation habe ich geglaubt, meine Sehnsucht nach Sinn und Wahrheit stillen zu können, indem ich nur genug ÜBER etwas wüsste und lange genug ÜBER etwas sprechen würde. Diese Haltung war tatsächlich zunehmend ein Ausdruck von Hilflosigkeit und Orientierungslosigkeit geworden. Es war jedoch das, was mein familiäres und gesellschaftliches Umfeld mich gelehrt hatte und auch von mir erwartete. Das Einzige, was ich gelernt hatte und gut konnte, war, die Rolle des Zuschauers einzunehmen.

Deshalb habe ich dir (m)eine Geschichte erzählt und deshalb folgt hier jetzt keine geschlossene und allumfassende Abhandlung über die WILDE KIRCHE. Stell dir lieber vor, du kommst in einen ähnlichen Kreis wie der junge Sioux. Erfahrungen und Gedanken werden ausgetauscht ohne Anspruch auf absolute Wahrheit. Du entscheidest, ob du als Zuschauer oder Zuschauerin in diese Reflexion gehst oder ob du dich auf den Weg des Kreises einlässt und dich öffnest für die Wahrheit, die »zwischen den Zeilen« aufscheint.

Du kannst den folgenden Gedanken chronologisch folgen. Du kannst den Verweisen zwischen den Gedanken folgen und auf die Weise deinen eignen Weg suchen. Und du kannst immer wieder innehalten und für dich die Fragen beantworten, die du am Ende jedes Abschnitts findest.

01 Die Zivilisation abstreifen

Ich bin ein Kind der Zivilisation – und das heißt: der westlichen Welt. Die Wildnis erschien mir aus meiner zivilisierten Sicht immer fern und faszinierend, zugleich aber auch schrecklich und bedrohlich. Ich habe das vermutlich schon mit der kulturellen Muttermilch aufgesogen. Der englische Philosoph Thomas Hobbes liefert dafür die Vorlage. Er beschreibt die Natur als »Leviathan«, als ein triebgesteuertes, grausames Ungeheuer außer Kontrolle. Dieser grausame »Naturzustand«, sagt Hobbes, ist ein großes Hauen und Stechen, bei dem der Stärkere siegt und siegen will. Ich kannte Hobbes früher nicht, auch seine Werke waren mir unbekannt. Aber sein Denken war mir ganz offensichtlich in mein kulturelles Fleisch und Blut übergegangen. Bei der Vorstellung, allein in der Wildnis zu sein, dachte auch ich zuerst an äußere Bedrohungen, gegen die ich mich zu wappnen hätte. Vor allem die Dunkelheit machte mir Angst. Kälte auch. Und der Hunger – vor allem der Hunger wilder Tiere, dem ICH zum Opfer fallen könnte. Dabei stehen wir de facto bei keinem Tier in unseren Breiten auf der Speisekarte. WIR sind das »Tier« am Ende der Nahrungskette. Aber das musste ich tatsächlich erst lernen.

Es heißt, unsere zivilisatorische Schicht sei drei Tage dick. Ich weiß nicht mehr, wer das gesagt hat und wo ich das gehört habe, aber nach meiner Erfahrung draußen kann ich es bestätigen. Deshalb dauert eine Auszeit in der Quest normalerweise vier Tage und vier Nächte. Hättest du mich vor meiner Auszeit gefragt, was meine größte Angst sei, so wäre ich nicht im Traum auf die Langeweile gekommen.

In meiner Heimatgemeinde gab es eine alte Ordensfrau, die immer einen flotten Spruch auf den Lippen hatte. Zum Beispiel diesen: »Wer früher stirbt, lebt länger ewig.« Ich fand das sehr lustig – bis zu jenen Nächten in der Toskana, in denen ich einem nackten Jetzt begegnet bin. Die Erfahrung scheinbar endloser Zeit hat meinen Blick auf die Welt grundlegend verändert.

Die Wildnis, das weiß ich jetzt, ist nicht real, sondern selbst ein Produkt unseres menschlichen Bewusstseins. Es gibt keine Wildnis da draußen und Zivilisation hier drinnen, außer in meiner Vorstellung. Wir Menschen unterscheiden Kultur hier und Natur dort. Und so ist auch die zivilisatorische Schicht keine äußere Angelegenheit, sondern meint die eigene Haltung und Wahrnehmung und prägt die Perspektive, aus der heraus wir auf alle Dinge schauen.

Und daher weiß ich auch noch so genau, wann sich mein Blick auf alle Dinge verändert hat – nicht im intellektuellen Sinn, sondern auf der Ebene von konkreter Erfahrung –, denn in einem toskanischen Eichenwald zu liegen ungefähr um die Zeit der Frühlings-Tagundnachtgleiche, wenn die Nächte so lang sind wie die Tage, hat mir ein intensives Stelldichein mit dem beschert, was Meister Eckhart das »Nun« nennt.

Dieses nackte Jetzt ist wild und hat mein zivilisiertes Zeitgefühl herausgefordert. Erst nach drei Tagen und drei Nächten, so erinnere ich mich, hat sich etwas gewendet. Nicht mehr mein zivilisiertes Zeitgefühl erschien mir »normal«, sondern jenes wilde Jetzt, in dem ich nun lebte, geschwächt zwar vom Fasten, aber doch ohne größere Entbehrung, vor allem aber ohne Plan, ohne Tätigkeiten, die auf mich warteten. Ich war einfach nur da – und das war die Erfahrung jenes Grundes, auf dem wir alle stehen: Wir sind da. Und wem das banal erscheint, der sei daran erinnert, dass sich der Gott der jüdisch-christlichen Tradition auch nur ganz schlicht »Ich bin da« nennt (Ex 3,14).

▶ *Wie beeinflussen deine Kultur und Erziehung deine Wahrnehmung von Natur und Wildnis?*

→ *Kapitel 06 – Wildnis als Ort spiritueller Erfahrung*
→ *Kapitel 08 – Da sein*

02 Entkolonialisierung der Seele

Ich bin nach meiner Auszeit verändert nach Hause zurückgekehrt in die Zivilisation und ich habe diese alternative, wilde Erfahrung von Ewigkeit mitgenommen. Ich habe einen Geschmack für das bekommen, was ich lieber Zwischenzeit nennen möchte.

In unserer westlichen Kultur betrachten wir so gut wie alles vorrangig zweck-, lösungs- und ergebnisorientiert. Die Frage ist, wie man Zeit am effektivsten nutzen kann für möglichst hohe Produktivität. Und diese Produktivität ist ja auch quantitativ messbar: Was habe ich geschafft?

Diese Wertvorstellungen haben wir in die ganze Welt exportiert – und das klingt so frei und friedlich, aber wir alle wissen, dass unsere Kolonialgeschichte alles andere als Frieden gebracht hat.

In meiner Quest habe ich – rein äußerlich betrachtet und nach den Maßstäben unserer westlichen Kultur – gar nichts geschafft. Ich war ja einfach nur da. Das hat in unserer Kultur an sich erst einmal keinen Wert, weil ich nichts geleistet habe, an dem ich gemessen werden könnte.

Indem ich die Zwischenzeit wiederentdeckt und vor allem auch erlebt und bewusst gelebt habe, ist eine Art Entkolonialisierung möglich geworden. In meiner (christlichen) Tradition gesprochen: Ich habe den Karsamstag wiederentdeckt. Denn am Karsamstag, nach der Kreuzigung und vor der Auferstehung, ist einfach nichts. Leere Zeit. Natürlich halten wir das in unserer Kultur überhaupt nicht gern aus, sondern putzen und schrubben und sind so mit den Vorbereitungen für Ostern beschäftigt, dass wir die Leere gar nicht mehr bemerken. Dabei ist es diese Leere, in der das Wesentliche geschieht: die Transformation. So wie sich eine Raupe auch erst in der Zwischenzeit im Kokon in einen Schmetterling verwandelt.

In der jüdischen Tradition gibt es den Schabbat, der an dieses heilige Nichtstun erinnert, das in Wahrheit das heilige Dasein feiert, das wir Gott nennen. Und dieser Schabbat ist nach biblischen Maßstäben keine menschliche Erfindung, sondern ein wesentlicher Teil der Schöpfung. Einfach gesagt: Ewigkeit ist nichts, was sich erst irgendwann einstellt. Ewigkeit ist eine ganz natürliche Sache. Ewigkeit ist gegenwärtig.

Diese Entkolonialisierung, die da begonnen hat, ist also so etwas wie eine Art innere, kulturelle Renaturierung. Ich erlebe das so auch, wenn ich heute Menschen in einer Visionssuche begleite. In dieser Zeit leben wir – die meist zwölf Teilnehmenden und das Team – wie in einem kleinen Dorf miteinander. Wenn wir uns selbst versorgen, werden die Aufgaben verteilt: Feuer machen, die Mahlzeiten bereiten, aufdecken und abdecken, spülen und alles sauberhalten. All das gehört mit zu diesem großen

Ritual, das die Quest letztlich ist. Der Rahmen ermöglicht, tief zu gehen in den eigenen Prozess, in die eigene Erinnerung und die eigenen Anliegen. Der Rahmen ermöglicht auch, diese Erfahrungen in einem respektvollen und mitfühlenden Kreis zu teilen.

Nach der Quest steht die Welt bei den meisten Menschen dann Kopf: Das, was ihnen vorher groß, furchterregend und bitter erschien – nämlich allein zu sein in der Nacht, nicht zu essen und nur das Notwendigste zu besitzen und sich auch noch in einem Kreis anderer Menschen zu zeigen –, all das erscheint nachher wie eine Süßigkeit, von der man nicht genug bekommen kann. Stattdessen haben viele Angst, nach Hause zu fahren in eine Welt, die von Wettbewerbs- und Leistungsdenken geprägt ist, in von Sprachlosigkeit geprägte Beziehungen, in die innere Leere und Heimatlosigkeit von Konsum und Materialismus. Das ist Ausdruck jener Entkolonialisierung der Seele, die in der Auszeit begonnen hat.

▶ *Wie kannst du in deinem Alltag Momente der »Entkolonialisierung« oder »Renaturierung« einbauen und erleben?*

→ *Kapitel 16 – Von der Entspannung zur Entspanntheit*
→ *Kapitel 22 – Die große und die kleine Tradition*

Die Seele entkolonialisieren

03 Folgen der (spirituellen) Kolonialisierung

Das, was wir Wildnis nennen, ist die ursprüngliche Normalität, die wir in unserer Kultur immer weiter zurückdrängen und um jeden Preis vermeiden wollen. In den vergangenen 500 Jahren hat diese westliche Weltanschauung, ausgehend von Europa – aus einer sich selbst als christlich bezeichnenden Kultur heraus –, praktisch die gesamte Welt und praktisch alle Kulturen kolonialisiert. Im Namen des Fortschritts – und im Namen »des Herrn« – wurden indigene Völker mit ihren Kulturen bekämpft, versklavt oder abgeschlachtet aus Hochmut gegenüber diesen alten Kulturen, die uns als Menschheit zutiefst geprägt haben. Wenn wir heute »steinzeitlich« sagen, dann meinen wir damit etwas abfällig das nutzlose Gegenteil von dem, was wir »zivilisiert« oder »modern« nennen. Dabei haben die Steinzeitmenschen Hunderttausende von Jahren lang offenbar etwas richtig gemacht, denn sonst wären wir heute nicht hier. Hingegen zeigt die Tatsache, dass wir in den vergangenen 200 Jahren der Industrialisierung den Planeten an den Rand des vollständigen Kollapses gebracht haben, dass in unserer Kultur etwas nicht stimmt. Und das hat nicht nur soziale und politische, sondern auch spirituelle Ursachen. Es braucht nicht nur eine soziale und politische Entkolonialisierung, sondern auch eine spirituelle. Eine Entkolonialisierung unserer Seelen.

Die wirtschaftliche Ausbeutung auf der politischen Ebene entspricht einer spirituellen Selbstausbeutung. Menschen in der westlichen Kultur neigen dazu, ihre eigenen physischen und psychischen Ressourcen bis zum Burnout zu nutzen und sich auf diese Weise selbst auszubeuten. Dies wird durch den ständigen

Druck zur Produktivität, Effizienz und Leistung verstärkt, ähnlich dem Druck, den Kolonialmächte auf abhängige Länder ausüben, um maximalen wirtschaftlichen Gewinn zu erzielen.

Die politische Instabilität, die in kolonialisierten Ländern auftritt, kann als Sinnbild für innere Unruhe und Konflikte im Einzelnen betrachtet werden, sprich: eine innere Instabilität, die wir in der westlichen Welt erleben. Wenn ein Mensch von externen Anforderungen und Erwartungen überflutet wird, führt dies zu inneren Konflikten und einer ständigen Suche nach Identität und Orientierung.

Der sozialen Ungleichheit entspricht eine Ungleichheit innerer Qualitäten: Genauso wie die Kolonialisatoren eine soziale Hierarchie aufgebaut haben, bauen Menschen in der westlichen Welt eine Hierarchie ihrer inneren Qualitäten auf. Rationale, produktive und »nützliche« Aspekte stehen dabei an erster Stelle. Andere wichtige Aspekte des Menschseins – wie künstlerischer Ausdruck oder eben Spiritualität – werden unterdrückt.

Der kulturellen Homogenisierung entspricht auf der spirituellen Ebene der Verlust der persönlichen Authentizität: So wie kolonialisierte Gesellschaften ihre eigenen Traditionen und Kulturen verloren haben, verlieren Menschen in der westlichen Welt ihre individuelle Authentizität und Einzigartigkeit, indem sie versuchen, einheitlichen gesellschaftlichen Erwartungen und Normen zu entsprechen.

Und schließlich entspricht dem Verlust an Biodiversität und ursprünglicher Wildnis in kolonialisierten Ländern ein Verlust der inneren Vielfalt: Genauso wie die intensive Ausbeutung natürlicher Ressourcen und Veränderungen in der Landnutzung die Vielfalt verdrängt, führt der intensive Fokus auf Produktivität und

Rationalität dazu, dass Menschen einen Teil ihrer inneren Vielfalt und Kreativität verlieren. Das verursacht nichts weniger als eine Verarmung des persönlichen Lebens und eine Entfremdung von den eigenen Gefühlen und Bedürfnissen.

► In welchen Momenten hast du das Gefühl, dich von der ursprünglichen Normalität entfernt zu haben?

► Welche Gefühle und Gedanken weckt der Begriff »Wildnis« in dir?

→ Kapitel 09 – Wildnis als Grundlage unserer Existenz
→ Kapitel 28 – Wildnis ist der maßgebliche Ort für Initiation

04 WILDE KIRCHE als herrschaftsfreier Raum

Entkolonialisierung bedeutet nicht, aus der Welt zu fliehen. Dieser Prozess hat weniger mit Erlösung zu tun als vielmehr mit Befreiung, und die beginnt nicht erst, wenn alle Fragen beantwortet sind. Ich würde sogar sagen, dass Fragen den Entkolonialisierungsprozess wesentlich kennzeichnen, denn absolute Antworten zu haben und demnach zu wissen, was richtig oder falsch ist, ist ja gerade Ausdruck von Herrschaft – und Kolonialisierung ist de facto Ausübung von Herrschaft.

Im Gegensatz dazu ist die WILDE KIRCHE dadurch gekennzeichnet, dass es schlicht keine Herrschaft gibt. Das bedeutet nicht, dass es nicht auch Rollen und Aufgaben, Vereinbarungen und Regeln gibt. Es kann sogar institutionelle Strukturen geben. Aber diese sind letztlich alle nicht selbst die WILDE KIRCHE, sondern schaffen einen Rahmen, in dem WILDE KIRCHE lebendig wird.

Das bedeutet auch, dass es in der WILDEN KIRCHE keine Deutungshoheit und damit auch keine alles bestimmende Macht gibt. Diversität ist ausdrücklich erwünscht – und der radikale Wahlspruch der WILDEN KIRCHE lautet: Die eine Wahrheit löscht die andere nicht aus.

WILDE KIRCHE entsteht überall dort, wo solche Befreiungs- und Entkolonialisierungsprozesse beginnen. Und zwar nicht erst, wenn zwei oder drei zusammen sind, sondern bei jedem und jeder Einzelnen. WILDE KIRCHE kann sich daher mitunter sehr einsam anfühlen und mit einer eremitischen Phase beginnen. So lebte auch Franz von Assisi in den ersten Jahren nach seinem radikalen Ausstieg als Einsiedler völlig allein, nachdem er »die Welt verlassen hatte«, wie er es in seinem Testament nennt.

Kontemplative Zugänge wie die Visionssuche oder andere Formen tiefer Natur- und Seelenerfahrung schaffen einen Rahmen für spirituelle Entkolonialisierungsprozesse.

▶ Hast du jemals eine Phase erlebt, in der du dich von der Welt zurückgezogen hast, ähnlich wie Franz von Assisi? Wie hat das deine Sicht auf die Welt verändert?

→ Kapitel 15 – Wilde Spiritualität
→ Kapitel 31 – WILDE KIRCHE versus Institution

05 Wer ist »wir« in der WILDEN KIRCHE?

Mag sein, dass nicht jede (christliche) Gruppe, die sich am Wochenende im Wald trifft, automatisch auch eine WILDE KIRCHE ist oder sich so versteht. Aber die Bezeichnung Kirche ist hier auch kein konfessioneller Begriff. Die WILDE KIRCHE ist eine Ekklesia im ursprünglichen Sinn, eine Volksversammlung. Und Volk ist nicht gemeint im nationalen oder konfessionellen Sinn, sondern im Sinne von Menschheit – und mehr noch: In der WILDEN KIRCHE ist die Ekklesia die große Versammlung alles Lebendigen. Die WILDE KIRCHE umfasst auch die mehr-als-menschliche Welt mit allen Tieren, Pflanzen und Elementen. Diese Weite und diese Art von Selbstbewusstsein findet sich auch in den Zeugnissen der frühen Christen, die Christus auch nicht als Juden oder Griechen oder Römer betrachtet haben – und wir würden heute sagen: als Katholiken oder Protestanten, Deutschen oder Türken –, sondern als den »Erstgeborenen der ganzen Schöpfung« (1 Kol 1,15).

Jeder Versuch, die WILDE KIRCHE zu definieren, zu verabsolutieren oder sonst irgendwie institutionell zu beschränken, würde letztlich bedeuten, den brennenden Dornbusch (Ex 3,2) zu ersticken. Das heißt, man könnte ebenso versuchen, Gott zu definieren oder zu verabsolutieren. Das ist unmöglich.

Daraus folgt nicht, dass WILDE KIRCHE die Institution Kirche ersetzen will oder kann – sie wäre dann auch keine WILDE KIRCHE mehr. Die genuine Aufgabe der Institution Kirche und ihrer Amtsträger wäre es jedoch, Räume und Rahmen zu schaffen, in denen die Erfahrung WILDER KIRCHE möglich ist, denn sie entsteht und wächst dort, wo das Mysterium Raum bekommt, das wir Gott nennen oder Geist oder Liebe oder Leben oder einfach wahres Selbst – und die Suche nach Gott und die Suche nach dem wahren Selbst sind im Grunde die gleiche Suche, wie es Richard Rohr einmal formuliert hat.

Menschen, die sich auf diesen Weg – und damit bewusst auf Erfahrungen der Leere und des Nichtwissens – einlassen und die bereit sind, ihre Vorstellungen, Dogmen und andere »Antworten« hinter sich zu lassen, sind meist schon länger auf einem Weg. Die meisten machen die Erfahrung, dass es ab einem bestimmten Punkt nicht mehr einfach so weitergeht wie bisher. Sie sind in irgendeiner Form heimatlos geworden: in Partnerschaft, in Familie, in Gruppen oder Vereinen, in Kirche und so weiter. Sie suchen nach einem Raum, in dem sie der Verwandlung, die für sie persönlich schon begonnen hat, Ausdruck verleihen können. Die natürliche, ursprüngliche Wahrnehmung der Zeit, eine respektvolle und mitfühlende Gemeinschaft und die Erfahrung, dass keine Wahrheit eine andere auslöschen muss, schließlich auch das Vertrauen in den Rahmen und die Prozesse der Transformation, die dann zum Beispiel im Rahmen einer Quest sichtbar und erfahrbar werden können – all das öffnet Räume, die es ermöglichen, das Herz zu entkolonialisieren. In solchen Räumen können Menschen ihr ursprüngliches Sosein erfahren. Und diese Erfahrung ist keineswegs nur angenehm. Das kann schmerzhaft sein. Denn diese Art von Entkolonialisierung entspricht dem, was in der Mystik zu allen Zeiten als »Erwachen« bezeichnet worden ist.

▶ Was bedeutet für dich der Begriff WILDE KIRCHE?

Die Seele entkolonialisieren 71

▶ Wie stellst du dir die große Versammlung alles Lebendigen vor, und welchen Platz nimmst du darin ein?

→ Kapitel 22 – Die große und die kleine Tradition
→ Kapitel 30 – Warum niemand in die WILDE KIRCHE gehen kann

06 Wildnis als Ort spiritueller Erfahrung

Ich kann mich erinnern, als wir nach Bingen gezogen sind, da war ich einige Zeit damit beschäftigt, die 2000 Quadratmeter Obstacker hinter dem Haus zu bearbeiten. Wir haben damals eine Kräuterschnecke und einen kleinen Gemüsegarten angelegt, und hättest du mich dann nach einem Jahr gefragt, hätte ich gesagt: Ich habe hier jeden Stein umgedreht, ich kenne meinen Garten.

Ich weiß noch, wie ich einmal im Spätsommer an einem lauen Abend im Garten war. Ich bin einfach nur so herumspaziert, und da – am Rand der Wiese drehe ich den Kopf zur Seite und bemerke plötzlich direkt neben mir einen kleinen Baum, voll mit prallen, reifen, süßen Pfirsichen.

Ich war völlig perplex in dem Moment und hätte schwören können, dass jemand diesen Baum da hingezaubert hat. Denn unsere anderen beiden Pfirsichbäume haben sich in den ersten Jahren genau dadurch ausgezeichnet, dass sie keine Früchte trugen. Und das war auch schon bei unseren Vormietern so.

Und dann steht da plötzlich und unerwartet dieser Baum mit den großen runden Früchten. Und die waren so wunderbar und reif und süß und geradezu paradiesisch, dass ich wirklich vor Freude geweint habe über diese Entdeckung.

Warum habe ich das vorher nicht gesehen?

Der Gedanke, dass dieser Pfirsichbaum vielleicht schon oft geblüht und Früchte getragen hat und ich es einfach nicht gesehen habe, hat mich wirklich ein bisschen erschreckt. Ich hatte da ganz offensichtlich einen blinden Fleck.

Ganz ähnlich ist es mir mit einem Satz in der Bibel gegangen. Irgendwann vor ein paar Jahren bin ich zufällig über einen Vers im Markusevangelium gestolpert, der mir vorher noch nie aufgefallen war. Der Satz steht direkt im ersten Kapitel. Da heißt es, dass der Geist Jesus in die Wüste treibt, und dann steht da: »Er lebte bei den wilden Tieren und die Engel dienten ihm« (Mk 1,13).

Jesus lebte bei den wilden Tieren? Das hatte ich vorher noch nie bewusst gehört – dabei habe ich doch diese Texte rauf und runter gelesen und studiert. Und als ich den Satz dann nach Jahren, Jahrzehnten zum ersten Mal bewusst gelesen habe, war das ein ähnliches Gefühl wie die Entdeckung des Pfirsichbaums.

Ich ahne natürlich, warum mir dieser Satz plötzlich aufgefallen ist. Das war nämlich genau in der Zeit nach meiner Quest. Ich hatte gerade vier Tage und vier Nächte in der wilden Natur verbracht – allein, fastend, ohne Dach über dem Kopf. Und das bedeutet, ich habe wie Jesus mit den wilden Tieren gelebt und ja, ich habe es auch so erlebt, dass Engel mir gedient haben. Sprich: dass eine göttliche Qualität mich unterstützt und trägt. Und WEIL ich diese Erfahrung gemacht hatte, fiel mir in der Bibel nun erstmals dieser Vers auf, den ich jahrzehntelang übersehen hatte.

Jesus bei den wilden Tieren – ich hatte jetzt eine Vorstellung, was das heißt. Und er war ja nicht der Erste und Einzige. Wenn du mit dieser Brille in die Bibel schaust, wirst du sehen, dass die wilde Natur ein ziemlich bevorzugter Ort ist, um Gott zu begegnen.

Hiob, Elija, Mose – um nur ein paar prominente Beispiel zu nennen – haben alle Gott in der Natur gesucht. Und gefunden. Und sie machen die für den Verlauf der biblischen Erzählung jeweils entscheidende Erfahrung da draußen in der Wildnis. Und wenn es heißt, Jesus sei zum Beten an einen einsamen Ort gegangen, dann ist dieser einsame Ort *eremos* – das wird gern übersetzt mit Wüste, aber eigentlich heißt es auch schlicht und ergreifend wild. Eremos ist die wilde Natur. Jesus ist in die Natur gegangen, um zu beten und in sich zu gehen.

▸ *Gibt es einen Ort in der Natur oder eine besondere Umgebung, wo du dich besonders verbunden oder inspiriert fühlst?*

→ *Kapitel 14 – Die Ursprache der Menschheit wieder lernen*
→ *Kapitel 28 – Wildnis ist der maßgebliche Ort für Initiation*

07 Das Universum ist in uns

Alle unsere Zellen sind ein Abbild des Kosmos, der uns hervorgebracht hat. Wir bestehen aus Atomen. Jedes Atom gleicht in seinem Inneren – so stellen wir uns das heute wissenschaftlich vor! – dem Aufbau eines Sonnensystems. Winzige Partikel kreisen um einen heißen Kern. Unser Körper besteht aus Milliarden kleiner Sonnensysteme. Wir sind ein Spiegelbild des Universums. Das Große und Ganze, der Makrokosmos, spiegelt sich im Kleinen und Individuellen, im Mikrokosmos. Jener Ursprung, der das All hervorgebracht hat und den Franziskus im Sonnengesang preist, bringt auch uns in unserem Sosein hervor.

Wir wissen heute genauer als je zuvor, dass wir de facto die Geschichte dieses Universums in uns tragen, die Geschichte der Erde, die wir bewohnen, und die Geschichte des Lebens auf ihr. Unser Planet entstand vor 4,5 Milliarden Jahren. Nach einer Phase der Abkühlung wogte eine Urflut, die vermutlich die größten Teile der Urerde bedeckte. Wenn man sich die Erdgeschichte als einen einzigen Tag vorstellt, dann dauert es fast 16 Stunden, bis in dieser Urflut das erste Leben entsteht. Weitere sechs Stunden später, gegen 22 Uhr, gibt es die ersten Pflanzen an Land. Und erst drei Sekunden vor Mitternacht erscheint der Mensch.

Wir vollziehen in unserer Entwicklung die Geschichte des Lebens nach: Auch wir entstehen aus einer befruchteten Eizelle in der Urflut des Mutterleibs. Nachweislich haben wir als Embryo Kiemen. Wir müssen also Fisch und Amphibie sein, um Mensch werden zu können. Es gäbe uns nicht ohne Sterne, ohne Urflut, ohne Algen, Reptilien, Bäume und Säugetiere. Jede Zelle unseres Körpers stammt von diesem Geschehen ab. Jedes Molekül unseres Körpers war all das schon einmal: Stein, Libelle, Eiche oder Grashalm. Mit jedem Atemzug inhalieren wir den Sauerstoff vom Anfang der Zeit, geatmet millionenfach von Mikroorganismen, Kräutern, Bäumen, Tieren, Menschen. Von unseren Vorfahren, von Abraham und Sara, Mose und Elija, König David, Buddha, Jesus und Maria, Mohammed, Franziskus, Klara, Hildegard.

Deshalb kann auch niemand behaupten, das Universum bräuchte uns nicht. Wir SIND das Universum – zusammen mit allen Lebewesen. Das Fühlen jedes Lebewesens ist das Fühlen des Universums. Im Denken der Lebewesen denkt dieses Universum. Und unser Nachdenken über das All ist das Universum selbst, das sich in uns zu Bewusstsein kommt.

Die Seele entkolonialisieren 75

▶ *Was löst der Gedanke in dir aus, dass die gesamte Geschichte des Universums in dir gegenwärtig ist?*

▶ *Was würde es für dein tägliches Leben bedeuten, wenn du stets im Bewusstsein leben könntest, dass das Universum sich durch dich hindurch seiner selbst bewusstwird?*

→ Kapitel 20 – Panentheismus
→ Kapitel 26 – Sommer – die Fülle des Lebens feiern

08 Da sein

Der Platz, von dem aus wir in die Welt schauen, ist mehr als der geografische Ort, an dem wir uns gerade befinden. Platz ist ein anderes Wort für Seele. Für den Öko-Therapeuten und Tiefenpsychologen Bill Plotkin bezeichnet der Begriff Platz, wie etwas in die Welt hineinpasst, welche Rolle es im größeren Zusammenhang spielt. Der eigene Platz wird durch die Rolle oder Aufgabe definiert, die etwas im Bezug auf andere und anderes hat. Der »ultimative Ort« oder »wahrste Platz« von etwas ist die Seele einer Sache oder eines Lebewesens. Seele ist die Essenz, die jemanden oder etwas in der ganzen Tiefe beschreibt. Es ist die Beziehung, die etwas im Kern zu allen anderen Dingen im Universum hat. Diese Art der Beziehung zu allem anderen ist dabei immer einzigartig. Und dadurch ist auch der wahre Platz einer jeden Sache und eines jeden Menschen einzigartig. Alle Dinge und Lebewesen besitzen also eine ihnen ganz eigene Gabe und Aufgabe, die nur sie in das Netz des Lebens einbringen können.

Die Frage nach dem eigenen Platz stellen jedoch nur Menschen. Pflanzen und Tiere nehmen ihren wahren Platz in der Welt aus sich heraus ein und sind einfach sie selbst. Wir Menschen werden zwar mit dem Potential für den Platz geboren, aber leider nicht auch mit dem Wissen darum.

Deshalb ist es nötig, sich auf den Weg zu machen und »tief in die Welt hineinzuwandern«»«, wie es Bill Plotkin formuliert, um den eigenen Platz zu finden. Und indem wir tief in die Landschaft dieser Welt hineinwandern, wandern wir auch tief in die Landschaft unserer Seele, um schließlich zu erkennen, dass Außen und Innen, Natur und Seele, auf geheimnisvolle Weise miteinander verwoben sind. So sagt der islamische Mystiker Rumi: »Ich habe die ganze Welt auf der Suche nach Gott durchwandert und ihn nirgendwo gefunden. Als ich wieder nach Hause kam, sah ich ihn an der Tür meines Herzens stehen, und er sprach: ›Hier warte ich auf dich seit Ewigkeiten.‹ Da bin ich mit ihm ins Haus gegangen.«

Aus einer ähnlichen Erfahrung heraus empfiehlt der Wüstenvater Abbas Moses: »Geh auf deinen Platz (in dein Kellion) und setz dich nieder. Dein Platz wird dich alles lehren.«

▶ *Was ist dein Platz? (Es gibt auf diese Frage keine letztgültige Antwort. du kannst die Frage immer wieder neu stellen. Lass deinen Gedanken freien Lauf und lass dich selbst von der Antwort überraschen, die sich jetzt zeigt.)*

→ *Kapitel 02 – Entkolonialisierung der Seele*
→ *Kapitel 18 – Ursegen*

09 Wildnis als Grundlage unserer Existenz

Die berühmten Worte von René Descartes »Ich denke, also bin ich« bringen 1641 eine Entwicklung auf den Punkt, die alles, was außerhalb des eigenen rationalen Bewusstseins liegt, für unwichtig erklärt und ausklammert. Dazu gehört das, was im Unbewussten liegt, also in unserer inneren Wildnis, und auch unser Körper gehört dazu und überhaupt alles Körperliche. Ob Descartes selbst das nun so wollte und gemeint hat, spielt gar keine Rolle mehr: Der Satz kennzeichnet eine Haltung, die uns zu Zuschauerinnen und Zuschauern macht, die alles rational von außen betrachten. Sogar uns selbst betrachten wir überwiegend von außen, wenn wir zum Beispiel sagen: »Ich habe einen Körper.«

Spätestens hier wird deutlich, dass die Entscheidung, um die es an dieser Stelle geht, durchaus relevant ist: Es geht auch um die Frage, wie wir mit der Wildnis, die wir »Natur« nennen, umgehen. Wollen wir die Natur weiterhin als eine schöne Kulisse oder – was schlimmer ist – als zur Ausbeutung freigegebene Rohstoffsammlung betrachten, die uns ermöglicht, unseren rationalen Interessen zu folgen, die in Wahrheit natürlich alles andere als rational sind, sondern gesteuert von unbewussten Glaubenssätzen und Vorstellungen, zu denen wir den Zugang verloren haben?

Wir sind Körper UND wir sind auch all das, was in unserem Unbewussten gegenwärtig ist. Die innere und äußere Wildnis ist nichts Fremdes, sondern die Grundlage unserer Existenz.

▶ *Was könntest du tun, um deinen Körper bewusster zu würdigen und zu erleben?*

→ Kapitel 12 – Keine Zuschauer, bitte (erste und zweite Bibel)
→ Kapitel 19 – Geburtlichkeit

10 Unsere ursprüngliche Wildnis ist der Wald

Jahrtausende war die Grenze zur Wildnis nicht so weit entfernt wie heute. Die Dörfer, Weiler und Städte hatten zwar klare Begrenzungen, aber schon hinter der Mauer oder der Hecke – dem Hag – begann die Wildnis. Das hat sich spätestens mit der Industrialisierung radikal geändert. Wildnis ist etwas sehr Fernes und Fremdes geworden.

Spuren der ursprünglichen Nähe zur Wildnis finden sich noch in den Märchen, Mythen und Geschichten unserer Vorfahren, die bis zum Ende der vorindustriellen Zeit noch in den Spinnstuben erzählt wurden, die in Wahrheit so etwas wie die Lebensschulen der kleinen Leute waren. Wenn die Heldinnen und Helden der alten Geschichten ihr bisheriges Leben hinter sich lassen und ins Abenteuer aufbrechen, dann gehen sie oft in den Wald. Hänsel und Gretel zum Beispiel. Oder der Königssohn, der dem wilden Mann in den Wald folgt.

Wir haben den Wald, die ursprüngliche Wildnis in unseren Breiten, fast vollständig verloren in Deutschland und Europa. Eichen zum Beispiel können bis zu 1000 Jahre und älter werden. Solche Exemplare sind heute nur noch als seltene Sehenswürdigkeiten anzutreffen in Nationalparks und Naturschutzgebieten, die nicht bewirtschaftet werden.

In Deutschland sind die Wälder – oder das, was wir so nennen – größtenteils Baumplantagen. Die Bäume stehen vielerorts in Reih und Glied. Sie werden ab einem Alter von 80–120 Jahren »geerntet« und erreichen so gerade einmal ein zartes Jugendalter. Es gibt immer weniger Baum-Älteste. Im Grunde ist die Landschaft vollständig wirtschaftlich erschlossen, und das ist an sich schon ein Sinnbild für die Kolonialisation. Wir leben in einer Kultur, die dem Jugendwahn verfallen ist und ihre Ältesten nicht mehr würdigt. Es ist auch der ganz konkrete Ausdruck einer Weltanschauung, die die Natur nur noch als unbelebten Ressourcen-Speicher sieht, den wir ausbeuten und zu unserem Vorteil nutzen können. Diese Vorstellungen haben bekanntlich ihre Wurzeln auch in der christlichen Tradition, die die biblische Aufforderung »füllt die Erde und macht sie euch untertan« (vgl. Gen 1,28) als Unterwerfungs- und Herrschaftsauftrag verstanden hat. Das ist »keine korrekte Interpretation der Bibel«, wie Papst Franziskus in seiner Öko-Enzyklika *Laudato sì* unmissverständlich feststellt (LS 67) – die Erkenntnis und deutliche Absage an dieses Denken kommt am Anfang des 21. Jahrhunderts allerdings recht spät, hoffentlich nicht zu spät.

▶ *Welche Bedeutung haben Märchen, Mythen und Geschichten in deinem Leben?*

▶ *Was für ein Verhältnis hast du zu Bäumen, insbesondere zu den alten, mächtigen Exemplaren, die Jahrhunderte überdauern können?*

▶ *Wie interpretierst du persönlich die biblische Aufforderung, sich die Erde »untertan« zu machen?*

→ *Kapitel 08 – Da sein*
→ *Kapitel 30 – Warum niemand in die W*ILDE *K*IRCHE *gehen kann*

11 Die Kunst, in den Spiegel der Natur zu schauen

Manche Menschen schauen in den Spiegel der Natur, aber sie sehen nichts. Ihre Geschichten beginnen dann so: »Ich habe eigentlich nichts erlebt.«

Einmal erzählte eine Frau, deren Leben sich in einem großen Umbruch befand und die sich daher nach einer Auszeit sehnte, um sich neu zu orientieren, sie habe einfach keine Zeit gefunden, in die Natur hinauszugehen, und deshalb hätte sie auch keine Geschichte zu erzählen. Ich fragte sie dann, was sie denn getan hatte in der Zeit, als sie NICHT in der Natur war. Sie erzählte, dass sie arbeiten musste und alle ihre Zeitfenster, die sie sich eingerichtet hatte, waren zugefallen, weil jemand krank geworden sei und sie habe einspringen müssen oder Ähnliches. Ich fragte noch einmal, was sie denn in der Zeit konkret getan hatte. Und sie erzählte, dass sie im Büro gewesen war. Und dann erinnerte sie sich an eine kurze Pause im Garten. Es war Sommer, und sie hatte auf einem Stuhl zwischen den Obstbäumen des Pfarrgartens platzgenommen – sie war Pfarrerin – und dachte darüber nach, wie sie nur Zeit finden könnte für ihre Auszeit, die sie so dringend machen wollte. Da kam ein Schmetterling angeflogen, der sie aus ihren Gedanken riss, weil er sich auf ihren Arm setzte. Sie war erschrocken und zugleich fasziniert und berührt, denn das hatte sie noch nie erlebt. Nach einer kurzen Zeit flog der Schmetterling weiter und kam nach einer Runde um die Obstbäume zurück, um sich wieder auf den Arm der Frau zu setzen. Sie konnte nicht glauben, dass das jetzt wirklich passierte. Und so geschah es noch weitere Male innerhalb von zehn Minuten: Der Schmetterling drehte eine Runde und setzte

Die Seele entkolonialisieren

sich wieder auf den Arm der Frau, bis er irgendwann nicht mehr wiederkam.

Wie konnte die Frau nur auf die Idee kommen, sie habe »keine Geschichte« erlebt? Die Begegnung mit dem Schmetterling war genau das, was sie gesucht hatte. Ihre Auszeit hatte stattgefunden, offenbar ohne dass sie es bemerkt hatte. Und erst nachdem sie die Geschichte erzählt hatte, wurde ihr bewusst, was diese Begegnung für sie bedeutete: Der Schmetterling symbolisierte ihre Sehnsucht nach Leichtigkeit, nach Freiheit, und war eine Einladung, sich wirklich auf einen Weg der Transformation zu begeben. Und dieser Weg begann nicht irgendwo weit draußen in irgendeiner Wildnis, fern vom Alltag. Er begann hier und jetzt.

Und auch hier könnte unsere kritische Zuschauerstimme sagen: Das kann doch nicht sein. So was macht doch kein Schmetterling. Wie oft sagen Biologen, wenn sie von Tierbegegnungen hören, die während eines Schwellengangs in der Natur oder einer Quest geschehen, dass das gar nicht möglich sei. Letztlich spielt das aber keine Rolle, denn die entscheidende Frage ist vielmehr, was so eine Erfahrung bedeutet.

▶ Erzähle von einer Naturbegegnung, die dich berührt oder überrascht hat. Was sagt sie dir über dich selbst?

→ Kapitel 13 – Geschichten als Brücke zur Weisheit
→ Kapitel 14 – Die Ursprache der Menschheit wieder lernen

12 Keine Zuschauer, bitte (erste und zweite Bibel)

In der Natur war ich die meiste Zeit meines Lebens als Zuschauer unterwegs. Die Wildnis war dann eine schöne und manchmal auch furchterregende Kulisse für Spaziergänge und Wanderungen. Aber eben nur eine Kulisse. Dabei ist die Natur ein »kostbares Buch« und eine »fortwährende Offenbarung des Göttlichen«, wie es Papst Franziskus auf den Punkt bringt (LS 85). Die Natur ist keine Kulisse, die wir staunend betrachten, sondern die erste Bibel. Gott offenbart sich in und durch das, was ist – ich hatte nur nie gelernt, diese erste Bibel wirklich zu lesen und diese Offenbarung wahrzunehmen.

Bis zu meiner »Initiation« damals in der Toskana war ich getrieben von der Sehnsucht, verstanden und bestätigt zu werden und mich als Teil von etwas Authentischem und Ursprünglichem fühlen zu können – Sehnsucht nach echter Begegnung und nach einer Erfahrung von Sinn und Lebendigsein, nach tiefer Gemeinschaft und Verbundenheit. Und zugleich habe ich mich selbst an dieser Erfahrung gehindert, weil ich ganz in der Rolle des Zuschauers aufgegangen war, die ich gelernt hatte und die ich für den einzigen Zugang zur Wirklichkeit hielt. Ich selbst also schuf jene Distanz, die ich überwinden wollte.

Das gilt auch für die zweite Bibel, die Heilige Schrift mit ihren Geschichten. Meine Versuche, mit anderen Menschen biblische Geschichten zu »teilen«, wie ich es von Basisgemeinden in Südamerika gehört hatte, liefen bei mir und in meinen Kreisen immer darauf hinaus, ÜBER die biblischen Geschichten zu sprechen. Wie auch sonst? Nie hatte ich etwas anderes gelernt. Im Gegenteil. Ich war lange davon überzeugt, von außen »die Wahr-

Die Seele entkolonialisieren

heit« über eine biblische Geschichte herausfinden zu müssen. Ich glaubte, das sei der Weg, auf dem ich dann irgendwann an den Ursprung gelangen könnte. Das ist nicht nur sehr anstrengend und vergrößert auf die Dauer das Gefühl von innerer Leere – es ist aussichtslos, würde ich heute sagen.

▶ *Was brauchst du, um die Zuschauerrolle verlassen zu können?*

→ Kapitel 15 – Wilde Spiritualität
→ Kapitel 28 – Wildnis ist der maßgebliche Ort für Initiation

13 Geschichten als Brücke zur Weisheit

In der westlichen Kultur dienen uns Geschichten und (Tele-)Visionen entweder zur Unterhaltung oder wir gehen mit Helmut Schmidt davon aus: »Wer Visionen hat, sollte zum Arzt gehen.« Wir fokussieren uns in der westlichen Kultur auch gern ausschließlich auf äußere Aspekte. Wir erwarten Fakten und Definitionen. Was eine Geschichte, ein Traum, eine Vision in uns zum Klingen bringt, bekommt weniger Aufmerksamkeit, und wir messen dieser Qualität zwischen den Zeilen – dem weißen Feuer zwischen den Buchstaben, wie es in einer jüdischen Tradition heißt – normalerweise kaum eine Relevanz für unser Leben zu.

Das ist eine recht junge Entwicklung. Seit den Ursprüngen der Menschheit wurden die essenziellen Dinge in Form von Geschichten geteilt. Genau deshalb ist das Fundament der jüdisch-christlichen Tradition auch nicht irgendeine Liste mit

245 Glaubenswahrheiten, sondern eine Bibliothek voller Geschichten: die Bibel.

Geschichten gehören zur DNA unseres Menschseins. Über Jahrhunderttausende wurden Geschichten, Mythen und Märchen überliefert. Und dabei handelt es sich eben nicht um rein empirische und historische Informationen. In den alten Geschichten und Mythen geht es nie um Wissen im Sinne von beweisbaren Fakten, die wir wie Gegenstände sammeln und speichern können. Es geht um die zu Geschichten geronnenen Erfahrungen und Erkenntnisse, von Generation zu Generation weitergegeben, die es Hörerinnen und Hörern aller Zeiten ermöglichen sollten, sich ein umfassendes Bild von dieser Welt zu machen, sich zurechtzufinden und sich auf diese Weise auch auf das Leben und Sterben in dieser Welt vorzubereiten.

In unserer Kultur haben Geschichten diese Bedeutung verloren. Wir betrachten Wissen und Weisheit getrennt und legen den Schwerpunkt auf faktenbasierte, definitive Wissensvermittlung. Relevant sind Geschichten allenfalls noch für Kinder, denn als Kinder sind wir im ursprünglichen, wilden Sinne berührt und identifizieren uns mit Helden und Heldinnen, Figuren und Bildern. Als Erwachsene tun wir das nicht mehr. Wir »glauben« nicht mehr an unsere Geschichten. Wir haben viel Wissen (mehr als je zuvor), aber keinen Zugang zur Weisheit mehr. Mit den Geschichten und ihrer Bedeutung haben wir den unschuldigen und subjektiven Zugang zur Welt und überhaupt zu allem, was existiert, verloren.

Ohne diesen Zugang zu Geschichten sind wir jedoch dazu verdammt, Zuschauer zu bleiben, die mit dem Gefühl leben, alles »von außen« zu betrachten. Auch uns selbst. Hier wurzeln

Scham, Einsamkeit und Verbitterung, weil es uns nicht mehr gelingt, mit etwas wirklich in Berührung und Verbindung zu gehen. Martin Buber würde sagen, es gibt nur noch »Es«, kein echtes »Du« mehr. Aber er sagt eben auch: »Der Mensch wird am Du zum Ich.«

Diese dissoziierte Zuschauerrolle ist auch der Grund, warum wir nur noch wenig anfangen können mit Geschichten von der Schöpfung, von jungfräulicher Empfängnis, Wunderheilungen, Auferstehung, Himmelfahrt und so weiter. All das lässt sich niemals empirisch nachweisen und ergibt daher auch niemals »von außen« Sinn. So ist »Glaube« etwas geworden, das sich auf ein bewusstes, willentliches Fürwahrhalten reduziert hat. Irgendetwas für wahr zu halten grenzt uns ab von denen, die es nicht für wahr halten. Es stillt jedoch nicht unsere Sehnsucht nach echter, unmittelbarer, persönlicher Erfahrung.

So kann ich für wahr halten, dass Gott Mensch geworden ist, habe dann aber immer noch keine Ahnung, was Inkarnation (Fleischwerdung) wirklich bedeutet. Ich kann für wahr halten, dass Jesus von den Toten auferstanden ist, und habe keine Ahnung, wie sich Auferstehung anfühlen könnte. Ich kann für wahr halten, dass die Urgemeinde »ein Herz und eine Seele« war (Apg 4,2), aber das bedeutet noch lange nicht, dass ich auch einen Schimmer davon habe, was das praktisch bedeutet, wie es sich anfühlt und welche Erfahrung damit verbunden sein könnte. Ich kann für wahr halten, dass Franz von Assisi den Vögeln gepredigt hat – und viele franziskanisch gesinnte Menschen lieben dieses Bild –, ohne eine ähnliche Erfahrung der Kommunikation und des Verbundenseins mit der mehr-als-menschlichen Welt zu kennen.

▶ Welche Geschichten haben dich in deiner Kindheit besonders berührt und wie beeinflussen sie dein heutiges Selbstbild und Weltverständnis?

→ Kapitel 17 – Ursünde
→ Kapitel 19 – Geburtlichkeit

14 Die Ursprache der Menschheit wieder lernen

Alles, was ich sehe, sehe ich »von innen«. Ebensowenig, wie ich aus dem Universum heraustreten könnte, um es von außen zu betrachten, bin ich in der Lage, aus meiner Existenz herauszutreten. Das ist die Grunderfahrung, die der Dichter von Psalm 139 so zum Ausdruck bringt: Gott »umschließt« mich »von allen Seiten«. Ich bin ein »staunenswertes Werk«, »geformt im Dunkeln«, »kunstvoll gewirkt in den Tiefen der Erde«, »gewoben im Schoß meiner Mutter«. Das ist Poesie. Der Psalmist sagt etwas über mein Wesen, meine Gegenwart, mein Sosein im Jetzt und Hier als Mensch.

Alle unsere Schöpfungsmythen sind in diesem Sinne eine »Geschichtsschreibung innerer Sicht«, wie es der Paläontologe und Naturphilosoph Edgar Dacqué einmal formuliert hat. Sie sind nicht erzählt »um des äußern Ablaufes und Geschehens willen«, sondern »eine Darstellung mit innerer Bedeutung«. Mythen sind keine historischen Wahrheiten nach unserem modernen Verständnis. Sie sind vielmehr Wegweiser für das eigene Handeln jetzt und hier.

Deshalb war das Wissen vom »Anfang« in archaischen Kulturen so wichtig, wie der Religionswissenschaftler Mircea Eliade schreibt: »Damit eine Sache gut gemacht werde, muss man so vorgehen, wie man beim ersten Mal vorgegangen ist. ... Nichts gewährleistet den Erfolg irgendeiner ›Schöpfung‹ (Dorf, Haus, Kind) auf bessere Weise, als wenn man dabei die Schöpfung par excellence, die Kosmogonie, zum Vorbild nimmt.«

Mythen sind die »Ursprache der Menschheit«, sagt der Symbolforscher und Mystiker Alfons Rosenberg: »In der mythischen Überlieferung ist, im Gegensatz zu der modernen, von allem Seelischen abstrahierten Wissenschaft, der innere Bereich mit eingeschlossen – man könnte darum den Mythos auch durchseelte Erkenntnis nennen.«

Es ist notwendig, diese Sprache wieder zu lernen und eine Haltung zu überwinden, die in den vergangenen Jahrhunderten die Mythen nicht nur gesammelt und analysiert, sondern auch als unglaubwürdig und bedeutungslos diffamiert hat. Das ist der Grund, warum christliche Begriffe wie Himmel, Hölle, Auferstehung oder Jungfrauengeburt nicht mehr verstanden werden. Die Entmythologisierung hat das Christentum entseelt und letztlich auf eine Ethik reduziert. Wir haben daher in unserer Kultur mit Jesu Gebot der Nächstenliebe kein Problem. Mit dem Gebot der Gottesliebe aber schon, denn wir wissen nicht mehr, was wir mit Gott, dem Gottessohn, dem Heiligen Geist, mit Maria, Wunderheilungen, Leiden, Auferstehung und Himmelfahrt anfangen sollen. Auch die Feste und Rituale des Jahreskreises ergeben überhaupt keinen Sinn, wenn wir nicht die »Ursprache der Menschheit«, die Sprache der Mythen, lernen und wieder lernen, »von innen« auf die Dinge zu schauen.

- Was bedeutet es für dich, »von innen«« zu sehen? Wie beeinflusst diese Perspektive dein tägliches Leben und deine Beziehungen zu anderen?
- Was bedeutet Gottesliebe für dich persönlich? Und wie setzt du das im Alltag um?

→ Kapitel 04 – WILDE KIRCHE als herrschaftsfreier Raum
→ Kapitel 22 – Die große und die kleine Tradition

15 Wilde Spiritualität

Wilde Spiritualität erschöpft sich nicht darin, alte Geschichten und Mythen zu bewahren und für wahr oder unwahr zu halten. Wilde Spiritualität bedeutet, dass wir unsere eigene Geschichte, unseren Mythos, in dem wir der Held oder die Heldin sind, erzählen. Und es kommt tatsächlich darauf an, WIE wir unsere Geschichte erzählen wollen.

Wilde Spiritualität bedeutet, sich bewusst zu machen, dass meine Geschichte die große Geschichte des Lebens weiterspinnt. Ich bin ein Teil dieser großen Geschichte und der großen Kette des Lebens, das ich als Geschenk empfangen habe und das ich weiterschenken kann – oder so: das ich weiterzuschenken berufen bin. Und wie das aussieht, steht keineswegs fest, sondern gilt es neu zu entdecken.

Wilde Spiritualität will nicht das Alte immer neu sagen. Es geht vielmehr darum, das Neue zu sagen. Und zwar das Neue meines Lebens, meiner Wirklichkeit, meiner Wahrheit. Die Na-

Die Seele entkolonialisieren

tur als Spiegel der Seele ermöglicht den Blick auf diese ureigene Geschichte.

Die Natur ist die »erste Bibel« und du bist Natur. Das ist der Ausgangspunkt. Und wenn du die erste Bibel lesen kannst, ändert sich übrigens auch der Blick auf die zweite Bibel, die heiligen Schriften, Überlieferungen und Traditionen. Ich sage ganz bewusst nicht: Wirf die zweite Bibel weg. Im Gegenteil. Sie ist ein Schatz voller Geschichten und das heißt: voller geronnener Erfahrungen, mit denen wir ins Gespräch gehen können. Dann können wir das Neue sagen MIT dem Alten. Das heißt, wir können das, was wir im Spiegel der Natur – in der ersten Bibel – gesehen und erfahren haben, auch im Spiegel der alten Geschichten der Papierbibel betrachten. Unsere eigenen Erfahrungen und die alten Erfahrungen gehen miteinander in Resonanz. So blicken wir in die Seele. In die eigene und die Seele derer, die vor uns gegangen sind.

▶ *Was bedeutet »wilde Spiritualität« für dich?*

▶ *Mit welchen Geschichten oder Erfahrungen aus der »zweiten Bibel« möchtest du ins Gespräch gehen? Welche Parallelen oder Resonanzen zu deiner eigenen Lebensgeschichte siehst du?*

→ Kapitel 11 – Die Kunst, in den Spiegel der Natur zu schauen
→ Kapitel 17 – Ursünde

16 Von der Entspannung zur Entspanntheit

Ich habe nach meiner Pilgerreise viele Jahre nicht gebetet. Ich erinnere mich aber noch gut an den Tag, als ich – ziemlich unerwartet für mich selbst – das Gefühl hatte: Ich muss wieder anfangen zu beten. Da war so ein Gefühl, das in den Fußspitzen begann und mich bis in die Haarspitzen durchströmte, und ich hatte das Bedürfnis, diesem Gefühl mit Worten Ausdruck zu verleihen. Zuerst nahm ich die alten Worte: das Vaterunser, das Ave Maria, das Herzensgebet und so weiter.

Ich weiß auch noch, dass mich dieses Gebet entspannt hat. Und damit meine ich nicht Entspannung im Sinne von Pause machen, chillen, faulenzen, sondern ich meine das, was ich später bei Meister Eckhart gefunden habe, wenn er sagt: »Gang uz dir selbst uz und lass dich.« Entspanntheit hat hier etwas mit Weite zu tun; das ist ein Zustand, der den ganzen Kosmos umfasst, in dem alles auf eine bestimmte Weise Sinn macht.

Ich würde sagen, das war eine mystische Erfahrung, bei der ich mich selbst in diesem größeren Zusammenhang erfahren habe. Und in so einem Satz wie dem von Meister Eckhart spiegelt sich diese Erfahrung. Es gibt noch andere wunderbare Sätze und Spiegel dafür. Laotse zum Beispiel, der chinesische Mystiker, bezeichnet das Ich als »Leihgabe des Alls«. Und das ist, was ich da erfahren habe. Und ich würde so sagen: Ich habe mein Sosein in einer größeren Weite und in einem größeren Zusammenhang gesehen und auf diese Weise mich selbst als beheimatet im Kosmos erfahren.

Ein wunderschönes Zitat von Claude Monet erinnert mich an diese Entspanntheit. Der impressionistische Maler sagt zu einem

Die Seele entkolonialisieren

Fotografen: »Kommen Sie im nächsten Frühjahr und fotografieren Sie meine Blumen im Garten, die sehen mir ähnlicher als ich.« Und das ist genau das, was ich später in der Quest erfahren habe, in jenen vier Tagen und vier Nächten draußen: Ich denke heute noch an die kleinen Anemonen, die Buschwindröschen an meinem Platz an dem Bach. Und ich spüre die Erde unter mir, und wenn ich gestresst bin, kommt diese Erinnerung. Dann liege ich wieder an meinem Platz und dann BIN ich auch wieder dieser Platz. Ich BIN die Blumen und ich BIN der Bach. Und das ist, was ich mit Entspanntheit meine.

Ich bin ziemlich überzeugt, dass es eigentlich DAS ist, was wir alle suchen und brauchen. Und es ist das eigentliche Heilmittel gegen Stress. Es sind vielleicht gar nicht unsere Körper, die müde sind, gestresst sind, angestrengt sind. Es sind unsere Seelen, die sich nach Entspanntheit sehnen, nach Weite, nach Sinn, nach Natur, nach Abenteuer. Wir brauchen nicht mehr Schlaf – im Gegenteil, wir brauchen Erwachen.

▶ *Welche Momente in deinem Leben kannst du als »mystische Erfahrung« bezeichnen?*

▶ *Welches Gefühl verbindest du mit »Entspanntheit«?*

→ Kapitel 07 – Das Universum ist in uns
→ Kapitel 26 – Sommer – die Fülle des Lebens feiern

17 Ursünde

Es gibt keine Ursünde in den biblischen Schöpfungserzählungen. Die Bibel jedenfalls verwendet das Wort nicht. Und das Wort Sünde taucht zum ersten Mal auf in der Geschichte von Kain, der seinen Bruder Abel erschlägt.

Die Ursünde und die auf ihr basierende Erbsündenlehre sind spätere Erfindungen. Wir verdanken sie dem Kirchenlehrer Augustinus von Hippo. Der hatte bei Paulus gelesen, dass die Sünde durch den ersten Menschen, durch Adam, in die Welt gekommen sei, weil der eben ungehorsam war und von der verbotenen Frucht gegessen hat.

Und man könnte jetzt schon darüber sprechen, ob Paulus das alles so eindeutig wahrgenommen hat oder ob es da nicht auch andere Blickwinkel gibt. Die Bibel ist – das sehen wir hier – eine Sammlung von Geschichten und von Konzepten, und da ist Platz für ganz viel Widersprüchliches.

Aber nehmen wir das jetzt mal so, wie Paulus es geschrieben hat: Adam war der erste Sünder. Und dann sagt Paulus, dass nach Adam alle irgendwie Mist gebaut haben, sprich: Wir sind alle ein bisschen wie Adam. Aber in der lateinischen Übersetzung der Bibel heißt es nicht, WIE Adam haben alle gesündigt, sondern IN Adam haben alle gesündigt. Das ist ein kleiner Übersetzungsfehler. Shit happens.

Und dieser kleine Übersetzungsfehler kam Augustinus gerade recht, denn das passte wunderbar zu seiner Idee von der Erbsünde, und das war ja geradezu ein Beleg: IN Adam haben alle gesündigt. Augustinus sagt nämlich, diese erste Schuld, Adams Ursünde, habe sich durch Fortpflanzung weitervererbt, denn die

Die Seele entkolonialisieren

Ursünde stecke ja sozusagen IN Adam – sei genetisch, würden wir heute sagen. Und so habe Adam die Ursünde an seine Kinder und die an ihre Kinder weitergegeben bis zu uns heute. Das ist der Grund, warum in der christlichen Tradition bis heute – und bis auf wenige Ausnahmen – die Kinder sofort nach der Geburt getauft werden, damit sie eben von diesem Erbe erlöst werden und auch sicher in den Himmel kommen können und das Konto sozusagen auf Null gesetzt wird, denn das ist die Idee dahinter: Jesus ist gekommen, so der Mythos der Erbsündenlehre, um uns von dieser Urschuld zu erlösen.

Niemand kann leugnen, dass die vergangenen Jahrhunderte – und wir sprechen von fast 1800 Jahren – geprägt waren von der Vorstellung, dass alle Menschen grundsätzlich und von vornherein gescheiterte Geschöpfe sind, dass das Leben eine Strafe ist und dass es der Erlösung aus diesem Jammertal bedarf. Die Auswirkungen dieser Erbsündenlehre und der aus ihr folgenden Spiritualität der Urschuld sind vielleicht weitreichender, als das auf den ersten Blick erscheinen mag. Es gäbe viel dazu zu sagen, aber ich möchte hier nur einen Gedanken herausgreifen: Wenn Menschen jahrhundertelang beigebracht wird, dass sie von Natur aus schlecht sind, dass ihre Existenz grundsätzlich sündig ist, von Schuld belastet, wie viel Schmerz und wie viel Scham ruft das hervor? Und was macht so eine Weltanschauung und so ein Menschenbild mit denen, für die das Leben wirklich ein Jammertal ist, weil sie ausgegrenzt sind, weil sie die falsche Hautfarbe haben, weil sie die falsche sexuelle Orientierung haben? Die Erbsündenlehre wird jedenfalls nicht ihr Selbstbewusstsein stärken und wird sie nicht ermutigen, ihr vermeintliches Falschsein als Lüge zu entlarven.

Wenn man Kindern beibringt, dass sie letztlich ein Schmutzfleck in der Schöpfung sind von Geburt an, und dass es erst der Reinigung bedarf, um wieder okay zu sein – wie sollen diese Kinder Selbstvertrauen entwickeln, Vertrauen in den eigenen Körper und in die eigene Seele, geschweige Vertrauen in die Natur, in den Kosmos, in die Schöpfung, in Gott?

Man muss nicht Psychologie studieren, um zu verstehen, dass Menschen, die so einen Spiegel vorgehalten bekommen, den Spiegel der Erbschuld, dass die sich selbst und alle anderen und auch alles andere, ja die ganze Welt, irgendwann durch diese Brille wahrnehmen werden.

Man könnte jetzt behaupten, dass dieses Denken nur noch einen kleinen heiligen Rest von Ewiggestrigen begeistert und wir das gesellschaftlich längst überwunden hätten. Ich habe jedoch schon länger den Verdacht, dass dieses Konzept in Wahrheit immer noch verbreitet ist in den unübersehbaren asketischen Tendenzen in unserer Gesellschaft mit den zahllosen Selbstoptimierungsbemühungen, wenn es zum Beispiel darum geht, den Körper zu perfektionieren oder perfekt zu erhalten.

Ich finde den Gedanken interessant, dass das alles auch Auswirkungen dieser Tradition der Erbsündenlehre sind, weil eben durch diese Brille hindurch alles grundsätzlich als optimierungsbedürftig betrachtet wird. Sprich: Der Mensch ist nicht grundsätzlich gut, sondern grundsätzlich erst einmal defizitär, das heißt etwa: bequem, faul und egoistisch und gierig, und das gilt es zu überwinden.

Diese negative Menschensicht begegnet zum Beispiel auch in der Debatte um die Möglichkeit eines bedingungslosen Grundeinkommens, also eine monatliche Zahlung, die alle einfach so bekommen. Als Argument gegen ein Grundeinkommen wird immer wieder vorgebracht, dann würde ja niemand mehr arbeiten. Da zeigt sich ein Menschenbild, das davon ausgeht, dass die meisten Menschen nur auf dem Sofa liegen und nichts tun wollen, denn: Der Mensch ist von Natur aus schlecht, und das heißt bequem, faul, egoistisch und gierig.

Das passt ganz erstaunlich gut zu der Theorie, die Augustinus in seinen letzten Lebensjahren entwickelt hat; eine zynische Theorie, denn für Augustinus waren demnach die meisten Menschen tatsächlich für die Hölle bestimmt. Er nennt diese Menschen »massa damnata« – die verdammte Masse. Hoffnung auf Erlösung bestand aus seiner Sicht nur für wenige.

Das ist eigentlich wirklich eine sehr erstaunliche Geschichte, denn diese Lehre stellt die christliche Hoffnung völlig auf den Kopf, dass alle Menschen gleichermaßen Zugang zu Gott haben.

Die WILDE KIRCHE betrachtet die Erbsündenlehre und die Vorstellung von einer wie auch immer gearteten Erlösungsbedürftigkeit als irrelevant, weil sie schlicht nicht zum Leben taugt. Die Taufe – das erste Sakrament – ist kein Ritual der Reinigung, das Schmutz abwaschen müsste, um uns wieder zu verbinden mit Gott, denn wir sind schon verbunden. Juliana von Norwich, die englische Mystikerin, bringt das wunderbar auf den Punkt: »Gott hat nie angefangen, uns zu lieben. Denn er liebt uns schon immer.« Wir werden nicht dadurch gerettet, dass wir privat vollkommen sind, sondern indem wir »Teil des Lebens« sind, wie es Richard Rohr sagt: »Jesus versuchte, Menschen zu verändern, indem er sie liebte und heilte. Seine härtesten Urteilsworte hob er sich für diejenigen auf, die Systeme der Ungleichheit und Unterdrückung aufrechterhielten und die sich durch die Religion selbst als sündlos und unantastbar betrachteten.«

- ▸ Welche Rollen spielen Scham und Schuldgefühle in deinem Leben, und woher kommen diese Gefühle?

- ▸ Wie definierst du »vollkommen« und was bedeutet es für dich, »Teil des Lebens« zu sein?

→ Kapitel 03 – Folgen der (spirituellen) Kolonialisierung
→ Kapitel 26 – Sommer – die Fülle des Lebens feiern

18 Ursegen

Das große Ereignis am Beginn der Schöpfung ist in der ursprünglichen jüdisch-christlichen Tradition nicht die Ursünde – das ist ein seltsamer Irrtum der vergangenen Jahrhunderte, und leider ein sehr großer Irrtum. DAS Ereignis am Beginn der Schöpfung ist in der ursprünglichen jüdisch-christlichen Tradition der Ursegen. Ja, der große Ursegen. Alles, die ganze Schöpfung, du und ich, wir alle platzen mit einem großen Segen in diese Welt hinein, und wer einmal ein Neugeborenes in den Händen hatte und angeschaut hat, weiß, wovon hier die Rede ist. Alles beginnt mit diesem Ursegen. Gott sprach, und es wurde. Und dann heißt es: Es war gut, es war gut, es war gut. Am Beginn von allem steht der Segen. Die Schöpferkraft bringt alles mit Segen und durch Segen hervor. Und Segen ist nicht irgendwas Abstraktes, ebensowenig abstrakt wie die Schöpferkraft, sondern es ist etwas sehr

Die Seele entkolonialisieren

Körperliches und Lebendiges. Segen ist Freude, Segen ist Liebe, Segen ist Lust.

Wenn ich meine Kinder anschaue und darüber staune, dass sie überhaupt da sind, und wenn ich sehe, wie sie wachsen, dann empfinde ich Liebe, und diese bedingungslose Liebe zu meinen Kindern ist Segen. Die Schöpfung ist Ausdruck dieses Segens, Ausdruck von bedingungsloser Liebe von einem grundlegenden »Ich will, dass du bist«. Segen ist das Wesen der Schöpferkraft, kann man sagen, und deshalb kann man sagen, dass das – biblisch betrachtet – DAS große Ereignis am Beginn aller Dinge ist: der große Ursegen.

Interessant ist, dass das Bewusstsein für diesen Ursegen genau dort verschwindet, wo Macht, Status und materieller Profit ins Spiel kommen. Es ist sicher auch kein Zufall, dass Augustinus im 4. Jahrhundert lebt, in der Zeit, als das Christentum im römischen Reich praktisch zur Staatsreligion wird und an die Stelle des Ursegens die Ursünde tritt. Damit wird aus der Vorstellung, dass wir alle gesegnet und geliebt sind, die Vorstellung, dass wir als Menschen vor allem erlösungsbedürftig sind – und dass die religiöse Institution diese Erlösung bereitstellt in Form der institutionalisierten Sakramente.

Das stellt natürlich alles auf den Kopf, denn die Sakramente sind keine Belohnung für die, die alles richtig gemacht haben, sondern sie sollen ja eine Stärkung für alle sein, sie sind Ausdruck des Ursegens. Und so kann man sagen, dass die WILDE KIRCHE und damit die ursprüngliche Spiritualität und Theologie des Segens nach Augustinus vielleicht nicht in Vergessenheit geraten ist, aber gewissermaßen in den Untergrund gegangen ist oder auch gedrängt wurde.

Die WILDE KIRCHE und ihre wilde Spiritualität des Ursegens hat jedoch niemals aufgehört. Wir finden den Ursegen bei den Mystikerinnen und Mystikern durch alle Jahrhunderte. Und wir finden den Ursegen bei den kleinen Leuten. »Das Volk« hat auch die vorchristlichen Traditionen weitergeführt, zum Beispiel in der Marienfrömmigkeit, in der die ursprüngliche indigene Vorstellung von der weiblichen Seite der Gottheit erhalten geblieben ist. Und so gibt es die Schutzmantelmadonna, die uns alle unter ihre Fittiche nimmt. Mit Segen. Und da gibt es all die vielen kleinen Traditionen wie die Kräuterweihe, wenn im August an Mariä Himmelfahrt die Heilkräuter gesammelt und in der Kirche gesegnet werden – und die Leute wussten natürlich immer, dass die Kräuter ihren Segen aus sich heraus entfalten, und nicht erst, wenn das quasi von oben offiziell bestätigt wird.

▶ *Erinnere dich an einen Moment, in dem du dich besonders gesegnet oder geliebt gefühlt hast. Was hat diesen Moment besonders gemacht?*

▶ *Wie beeinflusst der Gedanke, von Beginn an gesegnet zu sein, dein Selbstbild und dein Verhalten gegenüber anderen?*

→ Kapitel 23 – Herbst – die Essenz des Lebens feiern
→ Kapitel 24 – Winter – die Rückkehr des Lichts feiern

19 Geburtlichkeit

Das Geborenwerden und das Geborensein ist ein zentraler Begriff der christlichen Tradition. Jeder versteht das, und wahrscheinlich sind deshalb Weihnachten die Kirchen voll.

Gott zeigt sich in der Schöpfung im Geborensein. Das ist Inkarnation. Schöpfung ist Inkarnation. Wir alle sind Geborene und wir alle sind auch Gebärende – so sagt es Franz von Assisi: Wir alle bringen Christus zur Welt, so wie es Maria tut.

Wir Theologen würden sagen, dass sich da eine Theologie der Geburtlichkeit zeigt. Denn Theologie heißt letztlich Rede von Gott, und in diesen Geschichten und Bildern vom Geborensein und vom Gebären wird Gott erfahren als Lebenskraft, die alles zum Blühen und Wachsen bringt und auch reifen und welken lässt. Auch das ist ein Teil des Prozesses; es ist keine Strafe, kein Scheitern, sondern eine Vollendung des Lebens und Voraussetzung für neues Leben.

Es ist wichtig, sich bewusstzumachen, dass viele Jahrhunderte eine andere Theologie vorherrschend war. Eben nicht eine Theologie der Geburtlichkeit, sondern eine Theologie der Sterblichkeit, die das Sterblichsein und den Tod und die Endgültigkeit als Strafe betrachtet und alle Wesen und Dinge nicht primär in ihrem Potenzial sieht, sondern als hinfällig und fehlerhaft und eben deshalb auch schuldig und erlösungsbedürftig. In dieser Theologie der Sterblichkeit müssen wir aus dem Leben herauserlöst werden. Eine erlösungsorientierte Spiritualität pflegt so eine Theologie der Sterblichkeit, die letztlich das Leben als Bürde betrachtet, von der wir uns befreien können, wenn wir etwas dafür tun, denn dann werden wir irgendwann davon erlöst sein und in einen ewigen Urlaub gehen.

▶ *Wie erlebst du deine Geburtlichkeit? Wie erlebst du Prozesse des Reifens und Welkens und Wiedererblühens in deinem Leben?*

▶ *Wo sehnst du dich nach Erlösung? Was ändert sich, wenn du diese Sehnsucht als Teil eines Geburtsprozesses betrachtest: Was will da zur Welt kommen in deinem Leben?*

→ Kapitel 17 – Ursünde
→ Kapitel 29 – Welche Folgen es hat, wenn Initiation fehlt

20 Panentheismus

Gott ist tot, sagt Nietzsche. Und das heißt: Die Art von Theismus, die unsere Vorstellung von Gott bisher geprägt hat, funktioniert nicht mehr. Der Theismus sagt: Gott ist da draußen, und so wird Gott selbst zu einem Objekt, zu einem Gegenstand der Schöpfung, obwohl das ja nicht sein kann, denn wenn Gott ETWAS ist, ist es nicht mehr Gott. Gott ist nicht die Schöpfung, also muss da etwas anderes sein, das noch weiter weg ist. So entstehen Theorien, die Gott als Uhrmacher beschreiben, der die Welt am Laufen hält. In der Aufklärung stellt dann jemand die berechtigte Frage: Brauchen wir Gott überhaupt, um irgendwas zu erklären? Und seitdem kommt die Naturwissenschaft bekanntlich sehr gut ohne Gott aus, denn die Kräfte, die in der Natur wirksam sind, lassen sich auch ohne Gott beschreiben.

In der WILDEN KIRCHE gibt es keinen Theismus, denn Schöpfungsspiritualität ist geprägt vom Panentheismus – nicht zu verwechseln mit dem Pantheismus. *Pan* ist ja das griechische Wort für *alles*. Und Pantheismus würde bedeuten, dass ALLES Gott ist. Das wäre kein Fortschritt, denn dann würde ich die Sonne, den Mond, Pflanzen oder Tiere, die Bäume zum Beispiel alle für Gott halten. Und dann wäre Gott wieder etwas »da draußen«: Ich hier – Gott dort.

Pan-EN-theismus bedeutet: Gott ist IN allem und alles ist IN Gott.

Die Kosmologie Hildegards von Bingen ist ein Panentheismus. Die franziskanische Schöpfungsspiritualität ist ein Panentheismus. Die Mystik Meister Eckharts ist ein Panentheismus, denn Eckhart sagt, dass Gott die Dinge so erschuf, dass sie nicht außerhalb von ihm sind, und folglich ist Gott auch nicht irgendwas da draußen für uns. Alles Sein ist in Gott gebadet und aufgehoben, sagt Meister Eckhart. Alles ist in Gott und Gott ist in allem.

Panentheismus vermutet Gott nicht außerhalb der Wirklichkeit. Es braucht keine überirdischen Wunder oder einen Gott, der wie ein Alien einfliegt und ausfliegt. Panentheismus erwartet und rechnet mit dem Göttlichen IN dieser Wirklichkeit, die wir erleben und erfahren.

Für Menschen, die panentheistisch in die Welt schauen, ist die ganze Welt selbst ein Sakrament. Das bedeutet, dass überall das Verbindende durchscheint, und das nennen wir »das Göttliche«. Es geht nicht darum, das zu glauben im Sinne eines Für-wahr-Haltens. Es geht darum, dieses Sakrament zu erfahren, zu verkosten, zu erleben, die Verbindung wahrzunehmen, sich zu öffnen für die Verbindung, die in allem und durch alles sichtbar wird.

Panentheistisch betrachtet, erscheint die jüdisch-christliche Tradition vom Bund mit Gott – und das ist ja das zentrale Motiv der Bibel, denn alles dreht sich um diesen Bund – in einem neuen Licht. Im Theismus brauche ich den Bund mit Gott als Rechtfertigung. Gott steht auf meiner Seite und dann bin ich gegen alles, was nicht für mich ist. Im Theismus geht es immer irgendwann um die Frage, ob ich zur richtigen Gruppe gehöre oder zur falschen.

Im Panentheismus ist der Bund viel weiter gefasst, wir sitzen alle im gleichen Boot, alle in einem Kosmos. Da wird aus einem eifersüchtigen Kriegsgott die schöpferische Kraft des Universums: Alles ist erschaffen, alles existiert aus Gott und in Gott. Nichts kann also aus sich heraus schlecht sein, sondern alles in dieser Schöpfung ist zuallererst Segen. Und das gilt nicht nur für alles Positive, sondern auch für alles Negative.

Panentheismus integriert. Alles hat seinen Platz im Gesamt der Wirklichkeit. Das ist keineswegs die leichtere Form des Glaubens. Es ist viel leichter, an Gott da draußen zu glauben (oder eben NICHT zu glauben), als Gott und alle Vorstellungen, die damit verbunden sind, loszulassen und sich einzulassen auch auf Zweifel, auf Leere und auf Nichtwissen. Das ist erforderlich im Panentheismus, denn auch diese Qualitäten gehören zum Ganzen.

Gebet bedeutet im Panentheismus letztlich nichts anderes, als sich zu öffnen für die Wirklichkeit, zu hören, zu schauen und zu betrachten, anzunehmen und zu versuchen, tiefer zu schauen. Und das bedeutet nicht unbedingt, etwas an der Wirklichkeit zu ändern, sondern erst einmal damit zu beginnen, den eigenen Blick zu weiten, sozusagen die Brille zu putzen und durchlässig werden zu lassen für das Verbindende. Und das IST das Göttliche, das sich in ALLEM zeigen will.

▶ Wo und wie begegnest du Gott?

▶ Wie gehst du um mit Zweifeln, Leere und Nichtwissen?

→ Kapitel 08 – Da sein
→ Kapitel 30 –Warum niemand in die WILDE KIRCHE gehen kann

21 In Gott sein

Es gibt eine kleine Geschichte, die deutlich macht, wie alles IN Gott sein kann. Es ist die Geschichte von Zwillingen, die sich im Mutterleib unterhalten. Der erste Zwilling ist Atheist. Der zweite ist Panentheist.

Der atheistische Zwilling sagt: »Glaubst du an ein Leben nach der Entbindung?« Der andere sagt: »Klar, das Leben endet nicht mit der Entbindung. Es ist eine große Schwelle, ein großer Übergang. Und ich stelle mir vor, wie wir nach der Entbindung selbständig essen und trinken.«

Und der erste Zwilling sagt: »Blödsinn. Das ist völlig absurd. Mit dem Mund essen? Das ist lächerlich! Die Nabelschnur liefert uns Nahrung und alles, was wir brauchen. Aber die Nabelschnur ist so kurz. Ein Leben nach der Entbindung ist logischerweise auszuschließen. Die Entbindung ist das Ende des Lebens, und in der Zeit danach gibt es nichts als Dunkelheit, Stille und Vergessenheit. Es führt uns nirgendwohin.«

Der andere Zwilling sagt: »Ich bin sicher, wir werden bei unserer Mutter sein und sie wird sich um uns kümmern.« Und der Erste erwidert: »Mutter? Du glaubst tatsächlich an die Mutter? Das ist doch lächerlich. Wenn es die Mutter gibt, wo ist sie dann jetzt?« Und der zweite Zwilling sagt: »Sie ist überall um uns herum. Wir sind von ihr umgeben. Wir stammen von ihr. In ihr leben wir. Ohne sie würde und könnte unsere Welt nicht existieren.«

Der erste Zwilling sagt: »Ich sehe sie nicht, also ist es nur logisch, dass sie nicht existiert.« Und der zweite Zwilling antwortet: »Manchmal, wenn du in der Stille bist und dich konzentrierst und lauschst, kannst du ihre Gegenwart wahrnehmen und dann hörst du ihr Herz schlagen. Es schlägt genauso wie unser Herz.«

▶ *Was verbindest du mit dem Wort »Mutter«?*

▶ *Was ist der Tod für dich?*

→ *Kapitel 07 – Das Universum ist in uns*
→ *Kapitel 14 – Die Ursprache der Menschheit wieder lernen*

22 Die große und die kleine Tradition

Damals, auf meiner Reise nach Assisi, hätte ich das nicht benennen können, aber heute – rückblickend – weiß ich, dass ich in diesen Wochen auf intensive Weise mit dem in Berührung gekommen bin, was ich als »kleine Tradition« bezeichne. Es ist sehr wichtig für das Verständnis der WILDEN KIRCHE – und von

Die Seele entkolonialisieren 105

Kirche und Religion überhaupt –, die kleine Tradition von der großen Tradition unterscheiden zu lernen, denn die WILDE KIRCHE ist keine neue Kirche, sondern die ursprüngliche. Wer diesen Strom bzw. diese Unterströmung in der Geschichte sehen lernen will, muss die Brille der »großen Tradition« absetzen und mit den Augen der »kleinen Tradition« schauen.

Das Konzept stammt von Robert Redfield, einem amerikanischen Anthropologen. Er hat es entwickelt nach Studien der bäuerlichen Gesellschaft in Mexiko. Aber es lässt sich universal auf alle Kulturen anwenden. Redfield fand heraus, dass es in einer Kultur immer zwei prägende Traditionsströme gibt: die große und die kleine Tradition.

Die kleine Tradition gehört den Minores, den »kleinen Leuten« oder auch dem Volk, das seine eigenen Traditionen hat, die von Epoche zu Epoche weitergegeben werden. Viele Feste und Rituale in unserem Jahreskreis zum Beispiel wurzeln in der kleinen Tradition. Sie stammen im Kern aus vorchristlicher Zeit und sind »getauft« worden, als das Christentum zur großen Tradition wurde. Das heißt, sie wurden in ein christliches Gewand gekleidet, ihre Bedeutung hat sich im Kern aber nicht geändert. Kirchen wurden auf vorchristlichen Heiligtümern erbaut, und an die Stelle der alten heidnischen Gottheiten, die die Jahreszeiten regierten, traten christliche Heilige. Den Platz der Göttin nahm Maria, die Mutter Gottes, ein. Johannes der Täufer übernahm den Platz des Sonnengottes, dessen Festzeit die Sommersonnenwende ist. Die Geburt Christi wird in die Wintersonnenwende gelegt. Das Fest der Lichtgöttin wandelt sich zu Mariä Lichtmess. Ostern und Pfingsten nehmen den Platz der bisherigen Frühlingsfeiern ein. Und so weiter.

Die große Tradition gehört den Majores einer Gesellschaft, die die Herrschaft innehaben und die Deutungshoheit beanspruchen. Dazu gehören eben Machthaber, die militärische Führung und die Krieger und die religiöse Führung mit der jeweiligen religiösen Elite. Die große Tradition ändert sich im Lauf der Geschichte immer wieder, die eine Kultur löst die andere ab.

Die kleine Tradition aber bleibt von diesen Wechseln auf bemerkenswerte Weise unberührt – auch wenn sie immer wieder in ein neues Gewand gekleidet wird.

Die WILDE KIRCHE wird sichtbar, wenn wir mit den Augen der kleinen Tradition schauen. Die WILDE KIRCHE ist kleine Tradition und sie wird bleiben, denn sie ist praktisch nicht ausrottbar. Sie nimmt nur immer neue Formen an.

Die WILDE KIRCHE bildet demnach ein die Zeitläufte überdauerndes Kontinuum, eine Art Unterströmung, die unbeirrt weiterfließt, während sich die großen Traditionen fortlaufend ändern. Und weil ich öfter der irrtümlichen Vorstellung begegne, die kleine Tradition sei früher gewesen und heute herrsche die große Tradition, möchte ich unterstreichen: Jede Kultur hat IMMER eine große und eine kleine Tradition. Dementsprechend hatten auch unsere vorchristlichen Vorfahren natürlich eine große Tradition. Die Könige, Krieger und Druiden der Kelten verschwanden nach der römischen Eroberung. Die große Tradition der römischen Kultur wurde dann im 4. Jahrhundert christlich, wie wir wissen. Die kleine Tradition lebte ununterbrochen weiter.

Wir betrachten unsere ganze Geschichte seit der Aufklärung meistens nur durch die Brille der großen Tradition, das heißt der Majores, der Herrschenden, die die Deutungshoheit innehaben, selten aber durch die Brille der Beherrschten, also im Hinblick

Die Seele entkolonialisieren 107

auf die Praxis und Bräuche der kleinen Leute, der Minores. In modernen Büchern über das Kirchenjahr und den liturgischen Kalender wird zum Beispiel meistens lang und breit über die orientalischen und griechisch-römischen Ursprünge unserer christlichen Feste gesprochen. Die indigenen Wurzeln unserer Feste werden selten bis gar nicht in den Blick genommen. Das aber ist die kleine Tradition, und die legt den Blick frei auf das Leben, die Bräuche und Vorstellungen der kleinen Leute, der Beherrschten, die sich über die Jahrhunderte und Jahrtausende kaum verändert haben. Und dort finden wir die WILDE KIRCHE.

▶ *Wann und wie bist du in deinem Leben mit Elementen der »kleinen Tradition« in Berührung gekommen?*

→ *Kapitel 25 – Frühling – das Neuwerden feiern*
→ *Kapitel 31 – WILDE KIRCHE versus Institution*

23 Herbst – die Essenz des Lebens feiern

Ich lebe in Bingen am Rhein, in der Stadt und im Land der Hildegard. Und wenn ich Gäste bei uns im Dorf – ich lebe in Gaulsheim, einem Vorort von Bingen – durch die Kräuterkirche führe, die wir hier haben, dann beginnt mein Vortrag immer mit einer Enttäuschung: Diese Kirche, die hier steht, zeichnet sich zwar dadurch aus, dass man bei einer Renovierung in den 1970er-Jahren Darstellungen von Kräutern in die Gewölbezwickel gemalt hat, aber sie hat mit Hildegard von Bingen selbst gar nichts zu tun. Zu Hildegards Zeiten stand maximal der Turm unserer Kirche, der auf das 11. Jahrhundert datiert und den einzigen historischen Überrest darstellt. Hildegard von Bingen, die dort, wo die Nahe in den Rhein fließt, als Äbtissin im Kloster lebte und wirkte, wird sicher ab und zu nach Ingelheim zur Kaiserpfalz gereist sein, und dann ist sie auf dem Weg dorthin an unserer Kirche, die damals hier stand, vorbeispaziert. Sonst nichts.

Hildegard von Bingen ist eine Vertreterin der großen Tradition, sprich: Sie gehörte zu den Herrschenden und zu jenen, die in der damaligen Kultur die Deutungshoheit innehatten. Das waren damals Adel und Klerus und eben die Klöster. Hildegard stand als Äbtissin im Rang eines Bischofs. Sie verkehrte mit anderen Mächtigen oder bedeutenden Vertretern der Gesellschaft (und in diesem Fall macht die maskuline Form Sinn, denn sie war weit und breit eine der wenigen Frauen in diesem Status).

Die Kräuter, die in unserer Kirche an die Decke gemalt sind, stammen dagegen aus der kleinen Tradition. Sie gehören zum Werzwisch oder Würzwisch oder auch Kräuterbuschen, der zur Kräuterweihe an Mariä Himmelfahrt am 15. August in die Kirche getragen und geweiht wird. Und wie man sich denken kann, ist das keine katholische Erfindung. Diese Tradition wurzelt tief in vorchristlichen Traditionen, über die nichts je aufgeschrieben wurde, die Ethnologen aber vor allem auf der Basis der katholischen Volksbräuche rekonstruieren können. Schon unsere indigenen Vorfahren – bei uns hier die Kelten – kannten eine Kräutersammlung im August. Im Laufe der Jahrhunderte wurde diese Tradition »getauft« und so wurde aus der Göttin, die in der heißen Jahreszeit über das Land zieht und alles »verbrennt« und für die Ernte bereitmacht, die »Mutter Gottes«, die mit dem Himmelsbrand über das Land zieht. Dieser Himmelsbrand ist

Die Seele entkolonialisieren 109

eine zur Fackel umfunktionierte Königskerze, jene Pflanze, die seit jeher den Mittelpunkt des Werzwisch darstellt und daher auch bei uns in der Kirche im mittleren Gewölbe zu bewundern ist.

Hildegard von Bingen beschreibt zwar eine Vielzahl von Kräutern, auch alle traditionellen Werzwisch-Kräuter, aber den Werzwisch selbst und die Tradition der Kräuterweihe erwähnt sie mit keinem Wort. Das muss nicht heißen, dass sie das nicht interessiert hat, aber möglicherweise war es besser für sie, diese kleine Tradition der WILDEN KIRCHE unerwähnt zu lassen. Zwar wurden zu Hildegards Zeiten noch keine Hexen verbrannt, aber es gab – wie wir aus zahlreichen Ermahnungen der Kirchenobrigkeit wissen – immer wieder Anstrengungen, alles vermeintlich Heidnische, und damit alles »Wilde«, zu unterdrücken. Und dazu gehört auch der Werzwisch.

Es ist bis heute Tradition, neun Kräuter in diesen Strauß zu binden. An manchen Orten sind es sieben, aber das ist schon eine christliche Überformung der ursprünglichen Praxis, denn Sieben ist eine heilige Zahl der jüdisch-christlichen Tradition, die Vollkommenheit oder Ganzheit versinnbildlicht. Die Neun ist eine magische Zahl aus vorchristlicher Zeit (wenngleich auch hier Erklärungen geholfen haben, sie zu »taufen«, indem man zum Beispiel sagt, dass die Neun die dreifache Dreifaltigkeit und damit die vollkommene Vollkommenheit darstelle). Der Ausspruch »Ach, du grüne Neune« erinnert an diese magische Qualität. Für unsere »heidnischen« Vorfahren war der Kräuterstrauß im August die erste Ernte und so etwas wie die magische Hausapotheke für das Jahr. Der Strauß wurde zum Beispiel in die Küche gehängt, und wenn die Pflanzen trocken waren, wurde damit vor allem geräuchert. Bei Gewitter verbrannte man ein wenig Königskerze im Herd, um die Atmosphäre wieder zu reinigen – und das galt nicht nur für die Gewitter draußen, sondern auch für die inneren Gewitter, wenn der Haussegen schief hing.

Hildegard ist nun von Amts wegen sicher eine Vertreterin der großen Tradition und als Wissenschaftlerin ebenfalls ein Teil der Elite ihrer Zeit. Aber genau da macht sie auch einen Unterschied. Nehmen wir die Kräuter als Beispiel. Der klösterlich-wissenschaftliche Mainstream konzentrierte sich zur Zeit Hildegards auf die biblischen Pflanzen und die Pflanzen der griechischen Antike. Auf die Weise fanden viele mediterrane Pflanzen, beispielsweise der Salbei, den Weg in die Klostergärten und damit in unsere Kräutergärten. Hildegard durchbricht diese Grenzen, indem sie ausführlich alle heimischen Kräuter beschreibt. Die Schafgarbe zum Beispiel hätte wahrscheinlich einen Vertreter des gebildeten klösterlichen Mainstreams damals wenig interessiert. Schafgarbe war »Unkraut«. Ebenso wie Beifuß, Johanniskraut, Löwenzahn oder Brennnessel, um nur einige zu nennen. Hildegard macht keineswegs einen Bogen um diese Pflanzen, sondern stellt sie sogar besonders heraus. Die Schafgarbe gehört zu ihren Lieblingskräutern. So schafft sie eine Verbindung zwischen der großen und der kleinen Tradition. Sie nimmt das Wissen der Kräuterkundigen auf, die später als Hexen verunglimpft und sogar getötet werden. Aus der Sicht der kleinen Tradition ist Hildegard selbst eine »Hexe«, denn der Begriff stammt von dem Wort »Hagesusse« und bezeichnet die Frau, die im Hag sitzt, in der Hecke, und dort die heilkräftigen Kräuter findet.

Die Kräuterweihe am 15. August lässt sich aus der Perspektive der kleinen Tradition schon zu den Herbstfesten zählen wie

Erntedank oder auch das Erzengelfest, das offiziell am 29. September in der Herbst-Tagundnachtgleiche gefeiert wird. Der Erzengel Michael wird traditionell mit dem Schwert dargestellt und ist eine Symbolfigur für die Qualität dieser Herbstfeste: Es geht um Scheidung und Unterscheidung. Was ist wirklich wesentlich? Was brauche ich wirklich? Was dient mir und der Gemeinschaft zum Leben? Was ist überflüssig?

▶ *Wie entscheidest du in deinem Leben, was wesentlich und was überflüssig ist?*

▶ *Welche Herbstfeste kennst du und wie wurden/werden sie gefeiert?*

→ Kapitel 13 – Geschichten als Brücke zur Weisheit
→ Kapitel 27 – Jahreskreis als Initiation

24 Winter – die Rückkehr des Lichts feiern

Die Tatsache, dass wir Weihnachten heute in der Wintersonnenwende feiern, ist ebenfalls Zeugnis der kleinen Tradition, die sich durch die Zeitläufte hindurch erhalten hat – in immer neuem Gewand.

Mit Allerheiligen am 1. November beginnt schon die dunkelste Zeit des Jahres und damit in der heidnischen Vorstellung die Herrschaft des Totengottes. Halloween ist bekanntlich *All hallows Eve*, also nichts anderes als der Vorabend von Allerheiligen am 31. Oktober. Wenn Christen heute die kommerzialisierten Formen von Halloween kritisieren, dann ist das Ausdruck des Denkens der großen Tradition, die gern die Deutungshoheit über alles beansprucht. Allerheiligen und Allerseelen am 2. November sind mit dem Gedenken an die Toten verbunden. Auch das ist kleine Tradition, denn die Vorstellung, dass der »Vorhang« zum Reich der Toten in dieser dunklen Zeit besonders dünn ist, reicht weit zurück in vorchristliche Zeit. Man kann die Kommerzialisierung kritisieren, aber man könnte auch anerkennen, dass Halloween letztlich eine bestimmte Ausdrucksform dieser uralten kleinen Tradition ist, die sich durch alle Zeiten erhalten hat.

Ganz ähnlich ist es mit der Vorstellung, dass in der dunkelsten Zeit des Jahres das Licht wiedergeboren wird. Dass die Weihnachtsgottesdienste zu den bestbesuchten des Jahres gehören, ist ein Ausdruck davon, wie machtvoll diese kleine Tradition mit ihren Vorstellungen ist. Die Hoffnung stirbt bekanntlich zuletzt, und so feiern wir heute nicht mehr die Geburt des Sonnengottes, sondern die Geburt Christi. Dazu gehört auch die Weihnachtsdeko: Immergrüne Pflanzen wie Tanne oder Stechpalme sind schon immer der Schmuck des Wintergottes, der eben trotz allem nicht ein Gott des Todes ist, sondern ein Gott des Lebens, das in der Wintersonnenwende, wenn die Tage wieder länger werden, zurückkehrt.

Von den ursprünglich zwölf Weihnächten sind noch zwei Weihnachtsfeiertage übrig. Dennoch sprechen wir auch heute noch von der Zeit »zwischen den Jahren«. Das Feuerwerk ist vielleicht ein modernes Überbleibsel der alten Tradition, Haus und Hof zu räuchern und auf die Weise zu reinigen und böse Geister zu vertreiben. Deshalb heißen die zwölf Tage zwischen Weihnachten und Dreikönig auch Rauhnächte – von *ruch*, Rauch.

Die Seele entkolonialisieren 113

Erst am 2. Februar – Mariä Lichtmess – endete früher die Weihnachtszeit, mit jenem Fest, mit dem wir das kleine Sonnenkind feiern, das mittlerweile Laufen gelernt hat.

▶ *Mit welchen Weihnachtsritualen bist du aufgewachsen?*

▶ *Wie fühlst du dich in der dunkelsten Zeit des Jahres und welche persönlichen Rituale oder Gewohnheiten pflegst du in dieser Zeit?*

▶ *Welche Bedeutung hat für dich das »Licht«?*

→ Kapitel 10 – Unsere ursprüngliche Wildnis ist der Wald
→ Kapitel 19 – Geburtlichkeit

25 Frühling – das Neuwerden feiern

Ein schönes Beispiel für kleine Tradition und damit für ein Stück WILDE KIRCHE habe ich in der Chronik unserer Pfarrkirche gefunden: Im Jahr 1794, heißt es da, habe man den Hahn vom Turm geschraubt und in einer Prozession durch den Ort getragen. Prozessionen sind sehr katholisch. Aber warum nun ausgerechnet den Hahn vom Dach holen? Der Hahn war für unsere indigenen Vorfahren ein wichtiges Symbol. Caesar berichtet, der Hahn sei für die Kelten eines ihrer heiligsten Tiere gewesen. Die gallischen Kelten, die späteren Franzosen, verwendeten den Hahn als Wappentier. Der Hahn stand für Lebenslust, (männliche) Potenz, Fruchtbarkeit und Macht. In der christlichen Tradition wurde der Hahn (insbesondere als schwarzer Hahn) dann »verteufelt« als

Symbol für heidnischen Zauber und man brachte ihn in Verbindung mit dem Hahnenschrei, der Petrus daran erinnert, dass er Jesus verleugnet hat. Das hat allerdings die Leute hier im Ort 1794 offenbar wenig gestört und nicht daran gehindert, den Hahn im Frühling vom Kirchturm zu holen und durch den Ort zu tragen. Vielleicht, weil das einfach schon immer so gemacht wurde. Vielleicht, weil es es einfach Freude machte. Vielleicht, weil sie damit – ohne es bewusst zu wissen oder zu wollen – dem Ausdruck verliehen, was in der Natur gerade erfahrbar war: Das Leben kehrte zurück.

Prozessionen und Feldumgänge sind Rituale der kleinen Tradition. Das prominenteste Beispiel, das sich bis heute erhalten hat, ist die Palmsonntagsprozession. Vielerorts werden die Palmwedel an einem gleichschenkligen Kreuz zu einem Kranz gebunden. Auch das Kreuz – in dieser Form – ist ein vorchristliches Symbol, das schon unsere steinzeitlichen Vorfahren kannten, die Jäger und Sammler waren. Der Kreis symbolisiert den Zyklus und damit die Wiederkehr des Lebens. Das Kreuz symbolisiert die kardinalen Qualitäten dieses Lebens: Die Lebenszeiten lassen sich den Jahreszeiten zuordnen. Die Jahreszeiten entsprechen den Tageszeiten. Jeder Tag ein kleines Leben. Mit diesem Symbol des Lebens um die Felder zu ziehen, war ursprünglich ein Ritual, das Wachstum und Segen bringen sollte. Dieses Ziehen um die Felder hat sich bis heute erhalten in den feucht-fröhlichen Maitouren mit dem Bollerwagen am 1. Mai.

Die Kar- und Ostertage waren ursprünglich auch die Zeit der christlichen Initiation. Die Taufe fand traditionell in der Osternacht statt. Der alte Mensch stirbt »mit Christus« (Röm 6,8) und der neue kommt zum Vorschein. Die Vorbereitung auf diese Initiation begann nicht erst in der Karwoche, sondern schon viel früher. Im Grunde kann die ganze Zeit zwischen Weihnachten und Ostern als Quest betrachtet werden. Das Fasten in der Fastenzeit ist in dieser Perspektive kein asketischer Selbstzweck, sondern will Raum schaffen für das Neue, das sich zeigen will in diesem Initiationsprozess, den wir durchlaufen.

Wir feiern in dieser Zeit das Mysterium des Lebens an sich, das den Tod mitumfasst. Wir sterben nicht erst, wenn wir auf dem Sterbebett liegen, sondern wir erkennen – oft nur rückblickend –, dass wir schon oft und immer wieder gestorben sind in den vielen kleinen und großen Übergängen des Lebens. In den Wandlungsprozessen und den Abschieden, die diese Prozesse mit sich bringen. Und diese Abschiede sind endgültig. Gut sichtbar wird das an den großen Lebenswenden: Im Grunde ist ja die Geburt die erste große Lebenswende – wir verlassen den Mutterleib für immer. Geburt ist auch ein Sterben. Und wenn die Kindheit endet und wir Jugendliche werden und auch körperlich heranreifen, dann ist etwas unwiederbringlich vorbei: die Kindheit. Wir sterben an diesen Schwellen hinein in die je neue Lebensphase.

Jeder Übergang hat sein eigenes Sterbebett und sein eigenes Kindbett. Selbst die kleinen Dinge wie der Umzug in eine neue Region, das Ende der Ausbildungszeit, jeder Urlaub, jedes Fest endet irgendwann. Letztlich endet jeder Tag, indem wir uns betten – im wahrsten Sinne des Wortes. Und kein Tag kehrt je wieder. Keine Sekunde können wir festhalten.

Die Weisheit der WILDEN KIRCHE besteht darin, das ganze Leben in all diesen kleinen Übergängen und Abschieden als eine Vorbereitung auf die jeweils nächste Schwelle zu betrachten.

- Mit welchen Oster- und Frühlingsritualen bist du aufgewachsen?
- Was bedeutet für dich »das Leben kehrt zurück«? In welchen Momenten oder Zeiten in deinem Leben hast du dieses Gefühl besonders stark gespürt?
- Wie gestaltest du Übergänge in deinem Leben?

→ Kapitel 02 – Entkolonialisierung der Seele
→ Kapitel 27 – Jahreskreis als Initiation

26 Sommer – die Fülle des Lebens feiern

April und Mai sind Grünkraft-Monate, besonders der Mai. Der Mai gilt als Wonnemonat, im Mai berühren sich Himmel und Erde, der ganze Kosmos feiert Hochzeit. Die ursprüngliche (und auch vorchristliche) Vorstellung einer großen kosmischen Vermählung und Verbindung hat sich in der christlichen Tradition erhalten in dem Motiv von Maria als Braut Gottes. Der Mai ist traditionell ein Marienmonat, besonders in Süddeutschland.

Da kommt eine Spiritualität zum Vorschein, eine Schöpfungsspiritualität, die das Wachsen, Blühen und Reifen in den Mittelpunkt stellt und als Ziel und Sinn des Lebens betrachtet. Diese Wachstums- und Blühkraft ist ausgesagt in dem Wort *Grünkraft* (*viriditas*), das Hildegard von Bingen verwendet. Grünkraft ist in allem wirksam, was lebt, also auch in dir und mir. Und im Sommer ist diese Grünkraft überall sichtbar. Das Jahr bewegt sich auf den Höhepunkt zu. Die Viriditas bringt alles zum Grünen und Blühen, sagt Hildegard von Bingen.

Die Seele entkolonialisieren

Dieses Wort taucht bei Hildegard fast überall auf; wie ein roter Faden durch alle ihre Schriften und somit durch ihr ganzes Denken und ihre Visionen. Dieser Begriff umfasst zum einen das Grün im Sinne einer Naturkraft: also die Lebensfrische, die Keimkraft, das Lebendige an sich. Und es ist zugleich auch ein seelischer Begriff: Die Tiefen der Seele, auch die Kräfte der Seele sind gemeint, auch so etwas wie Gnade oder Heiliger Geist.

Viriditas ist also nicht etwas, das außerhalb von uns wirkt, sondern etwas, das in uns und auch durch uns wirken kann. Viriditas ist Wärme, Feuchtigkeit, Fülle, pralles Leben. Und wenn die Viriditas nicht wirken kann, wenn sie sozusagen gehindert oder behindert ist, dann ist das für Hildegard Krankheit. Dann macht sich *Ariditas* breit – das ist Kälte, Trockenheit, Dürre.

Die Viriditas, die Lebenskraft oder Schöpferkraft ist es, die wir in der Schöpfung also praktisch von innen wahrnehmen können wie eine göttliche Spur in allem.

In vielen biblischen Geschichten und Erzählungen ist von dieser Spur die Rede. Immer dann, wenn etwas über Gott ausgesagt wird im Zusammenhang mit Säen – Keimen – Wurzeln – Sprießen – Wachsen – Blühen – Grünen – Früchtetragen.

Nur ein paar Beispiele zur Erinnerung: Da ist das Gleichnis Jesu vom Sämann, dessen Samen schließlich auf fruchtbaren Boden fallen und Wurzeln schlagen. Da ist das Wort vom Weizenkorn, das in die Erde fällt und stirbt, denn so kann es reiche Frucht bringen.

Bei den Propheten in der hebräischen Bibel ist davon die Rede, dass Israel aufblühen wird, so wie die Wüste aufblüht, wenn es einmal regnet.

Gott wirkt durch Säen – Keimen – Wurzeln – Sprießen –

Wachsen – Blühen – Grünen – Früchtetragen, und das heißt: Gott wirkt durch und mit und in Viriditas, wie es Hildegard sagen würde. Das ist auch eine sehr weibliche Sicht auf die Dinge, denn die Viriditas ist eine Kraft, die das Leben immer neu hervorbringt. Man könnte auch Gebärkraft dazu sagen.

In den Sommerfesten feiern wir bis heute nichts anderes als die Grünkraft in all ihren Existenzformen. Dass die vorchristlichen Sonnenwendfeiern, die mitunter in Orgien mündeten, nach der Christianisierung als »Johannisfeuer« ausgerechnet nach Johannes dem Täufer, dem strengen Asketen und Bußprediger, benannt wurden, gründet in diesem Bibelvers: »Er (Christus) muss wachsen, ich aber muss abnehmen« (Joh 3,30). Denn die Sommersonnenwende markiert den Höhepunkt des Jahres und zugleich den Wendepunkt, denn ab jetzt werden die Tage wieder kürzer. Das erinnert daran, dass alles Leben sich immer im Wechsel von Werden und Vergehen und in einer Balance zwischen Viriditas und Ariditas vollzieht.

Das Leben auf diesem Planeten lässt sich herunterbrechen auf vier einfache Dinge: Essen, Trinken, Sex und Kinder. In diesen vier verwirklicht sich der Ursegen. Wenn wir in eine Krise kommen, dann ist mindestens eines dieser vier einfachen Dinge betroffen. Und spätestens dann wird deutlich, dass es nicht bloß äußerlich um die Befriedigung dieser Bedürfnisse geht, sondern auch innerlich. Also zum Beispiel nicht nur ums Essen und Trinken an sich, sondern auch um die Frage: Wonach hungert mich wirklich? Wonach dürstet meine Seele? Was ist meine Sehnsucht? Es geht nicht nur um Sex, sondern um uns als Mensch in Beziehung zu anderen Menschen und zur Welt überhaupt: Wer bin ich? Wo ist mein Platz? Wer sind meine Leute? Und es geht auch nicht

Die Seele entkolonialisieren

bloß ums Kinderkriegen, sondern um die Frage, wie ich etwas in diese Welt bringen kann, das bleibt, und das damit nachhaltig ist: Was ist meine Gabe für die Welt?

▶ *Wo erkennst du die Wirkung der Viriditas in deinem Alltag und in deiner Seele?*

▶ *Wie erfährst du die Balance zwischen Viriditas und Ariditas in deinem Leben?*

→ *Kapitel 18 – Ursegen*
→ *Kapitel 21 – In Gott sein*
→ *Kapitel 23 – Herbst – die Essenz des Lebens feiern*

27 Jahreskreis als Initiation

Den Jahreskreis zu kennen, war immer schon wichtig für die Menschen. Zunächst aus ganz praktischen Erwägungen: Wer die Jahreszeiten bestimmen konnte, wusste auch um die rechte Zeit für Saat und Ernte. Der äußeren Orientierung in der Zeit entsprach aber immer auch schon eine innere Orientierung. Die Jahreszeiten sind ein Spiegel für unsere Existenz als Lebewesen: die Erotik des Sommers, das Insichgehen im Herbst, die Klarheit und den kühlen Kopf, den es braucht, um den Winter zu überstehen, und die Kreativität und Lebendigkeit des Frühlings.

Der Jahreskreis mit seinen unterschiedlichen Hoch-Zeiten und Festen hat das Leben nicht nur der einzelnen Menschen, sondern der ganzen Gemeinschaft geordnet. Um die rechte Ordnung der

Dinge zu wissen, bedeutete in archaischen Kulturen, zu wissen, wie die Dinge jetzt getan werden können und sogar müssen. Die Ältesten eines Stammes oder Dorfes hatten die Aufgabe, die jungen Männer und Frauen in dieses heilige und heilsame Wissen einzuweihen.

Ich verwende den Begriff Jahreskreis, um diese archaischen Wurzeln zu würdigen, und ich möchte dort anknüpfen. Denn im Laufe der christlichen Jahrhunderte ist dieser initiatorische Charakter der Feste und Riten von einer eigenartigen christlichen Pädagogik überdeckt worden. Seit dem 16. Jahrhundert, der Zeit der Reformation, ist die Rede vom »Kirchenjahr«. Im Kreis dieses Kirchenjahres sollten Christen die Stationen des Lebensweges Jesu betrachten. Der Jahreskreis entwickelte sich zu einer Art kirchlichem »Lehrbuch«, das die wichtigsten Dogmen der Kirche darstellt. Heute sprechen wir in der katholischen Tradition vom »liturgischen Jahr«. Viele können heute mit den Festen, Geschichten und Symbolen nichts mehr anfangen und bringen sie nicht mehr in Bezug zu ihrem eigenen Leben.

Erst die Psychologie hat die existenzielle – und man könnte sagen: »innere« – Dimension des Jahreskreises wieder bewusstgemacht. C. G. Jung spricht von Christus als dem »Archetyp des Selbst«, in dem sich unser Selbst spiegelt. Der Jahreskreis ist folglich ein großes »Drama der Selbstwerdung«; die Stationen, die mit dem Leben Christi in Verbindung sind, beschreiben Stationen unserer eigenen Entwicklung. Die Menschwerdung Gottes, die im Jahreskreis dargestellt ist, beschreibt unsere eigene Menschwerdung. Für Jung ist der Jahreskreis folglich eine Lebensschule. Das System von Festen und Riten ist ein Heilssystem, eine notwendige und heilsame Einweihung in das Mysterium unserer Existenz.

Die Seele entkolonialisieren 121

▶ Von wem und wie bist du in das Geheimnis des Lebens eingeweiht (initiiert) worden?

▶ Welche Rolle spielten die Feste und Riten des Jahreskreises in deinem Leben bisher?

→ Kapitel 04 – W<small>ILDE</small> K<small>IRCHE</small> als herrschaftsfreier Raum
→ Kapitel 10 – Unsere ursprüngliche Wildnis ist der Wald

28 Wildnis ist der maßgebliche Ort für Initiation

Die wilde Natur ist mehr als ein exotischer Urlaubsort, wo wir ein paar hübsche Erfahrungen sammeln. Sie ist der maßgebliche Ort für Initiationsprozesse, auch wenn das Wissen darum und jegliche damit verbundene Praxis in der christlichen Tradition und damit in der westlichen Kultur in den Hintergrund getreten oder teilweise völlig vergessen worden sind. Die biblischen Geschichten sind ein Zeugnis dafür. Wesentliche Begegnungen mit Gott finden in der Wildnis statt. Mose am Dornbusch. Mose auf dem Berg Sinai.

Wer sich jetzt fragt »Kann man denn zweimal initiiert werden?«, dem sei geantwortet: Ja, sogar drei- oder viermal, denn immer, wenn wir in eine neue Lebensphase gehen, braucht es eine Initiation. Wenn man so will, gibt es größere und kleinere Initiationen. Die Geburt, die Pubertät und der Tod sind die »natürlichen« Übergänge und damit Initiationen, die »von allein« funktionieren. Der Übergang vom Jugendlichen zum Erwachsenen funktioniert schon nicht mehr so einfach ganz von allein.

Und während die Hochzeit noch gefeiert wird – allerdings selten mit wirksamen »wilden« und damit initiatorischen Elementen –, gibt es für moderne Übergänge wie den Renteneintritt in der Regel gar keine Form der Bestätigung für das Neue, das mit diesem Schritt beginnt.

Wenn Jesus also 40 Tage und Nächte in der Wüste verbringt, bevor er öffentlich auftritt, dann ist auch das eine Initiation. Und wenn er sich in den Garten Getsemani zurückzieht am Abend vor seinem Tod, ist auch das Ausdruck eines initiatorischen Prozesses. Immer spielt die »Wildnis« eine Rolle. Meistens ist es die Wüste. In den Geschichten der europäischen Waldvölker – und damit in unseren Märchen und Mythen – ist es der Wald.

Und dieser wilde Initiations-Raum beginnt nicht erst weit draußen, sondern in unserer Seele. Die innere Wildnis verhält sich zur Natur ganz ähnlich wie unser Alltagsbewusstsein zu dem, was wir Kultur oder Zivilisation nennen. Initiationsprozesse sind nie einfach nur äußere Herausforderungen, sondern gehen immer einher mit einer Einweihung in unser inneres Leben.

▶ Wo und wie hast du in deinem Leben Initiation erlebt?

▶ In welchem Initiationsprozess befindest du dich ganz aktuell in deinem Leben?

→ Kapitel 06 – *Wildnis als Ort spiritueller Erfahrung*
→ Kapitel 19 – *Geburtlichkeit*

29 Welche Folgen es hat, wenn Initiation fehlt

Wenn von Initiation die Rede ist, müssen wir immer auch fragen, wohinein jemand denn initiiert wird. Es gibt ja keinen luftleeren Raum, sondern Initiation ist immer auch ein politischer Akt, der die Mündigkeit und Verantwortung eines Initianden oder einer Initiandin bestätigt. Sprich: Jemand wird immer in eine Gemeinschaft initiiert, um den eigenen Platz einzunehmen.

Indigene Gesellschaften, für die Initiation ein zentraler Bestandteil ihrer Kultur war, lebten immer in kleinen, überschaubaren Gruppen. Aus dieser Perspektive ist die Sache klar: Jeder und jede wird mit seinen Gaben gebraucht, damit die Gruppe leben und überleben kann. Wenn jemand seinen Platz nicht einnimmt und seine Verantwortung nicht übernimmt, dann schadet das der Gemeinschaft. Denn jede Gabe ist eine Aufgabe. Ich kann allein nicht überleben. Und die Gruppe kann ohne mich nicht überleben. Es braucht ein Ja von beiden Seiten. Und dafür braucht es Initiation. Und wohlgemerkt: Die Antwort auf die Frage, wo mein Platz ist und was meine Gabe für meinen Clan sein kann, kann auch die Gruppe für mich nicht beantworten. Das kann ich nur selbst herausfinden.

In unserer komplexen Gesellschaft sind diese Zusammenhänge aus dem Blick geraten. Initiation ist kein Event, keine spirituelle Übung, die ich auf meiner Liste abhake wie einen Gegenstand, den ich sammeln kann. Initiation macht aus Kindern und Jugendlichen Erwachsene. Und Erwachsene tragen Verantwortung, ganz gleich, welches Gesicht diese Verantwortung bekommt.

Wenn ich zurückschaue, sehe ich, wie ich Jahre und Jahrzehnte herumgelaufen bin wie ein großes Kind. In manchen Lebensbereichen sogar wie ein Baby, völlig bedürftig und ausgeliefert. In anderen verspielt wie ein Vierjähriger. In anderen wieder trotzig und aufmüpfig wie ein pubertierender Teenie.

Mittlerweile bin ich selbst Visionssucheleiter und weiß, dass ich nicht der Einzige mit dieser Erfahrung verpasster Initiation bin. Ich erlebe 70-Jährige, die – in manchen Bereichen ihres Lebens – wie Kinder auftreten. Sie sind dann immer noch auf der Suche nach mütterlicher Liebe und väterlicher Bestätigung. Der Grund dafür ist der Mangel an tiefgreifender und wirksamer Initiation in unserer Kultur.

▶ *Welche Gaben bringst du in deine Gemeinschaft / Gruppe ein?*

→ *Kapitel 05 – Wer ist »wir« in der WILDEN KIRCHE?*

→ *Kapitel 21 – In Gott sein*

30 Warum niemand in die WILDE KIRCHE gehen kann

In der WILDEN KIRCHE geht es nicht darum, in die Kirche zu gehen, sondern darum, Kirche zu sein.

Es wird jedoch viele geben, die diese Vorstellung von einer WILDEN KIRCHE oder von irgendetwas Wildem überhaupt naserümpfend zurückweichen lässt, weil sie, wenn sie »wild« hören, an etwas Unkontrollierbares, Launisches, Gesetzloses, Rücksichtsloses denken. Das passt natürlich nicht zur verbreiteten Vorstellung von Gott als einem vollkommenen, übernatürlichen Etwas, und auch nicht zur Vorstellung von Kirche als dem reinen Vorgeschmack auf himmlische Vollkommenheit oder irgend-

Die Seele entkolonialisieren 125

etwas anderes Nichtirdisches, Übernatürliches, Perfektes, sondern »wild« ist dann etwas Schmutziges und Gott und Kirche sind etwas Reines.

Eine solche Auffassung ist Ausdruck einer Kultur, die alles Wildfremde grundsätzlich negativ bewertet. Dieses Selbstbild und Weltbild hat unsere Kultur geprägt, und nur so lässt sich Sklaverei erklären oder Genozide an Indigenen – an »Wilden«, wie es ja früher hieß. Und nur so lässt sich erklären, warum wir alles Nichtmenschliche und Ungezähmte als weniger wertvoll und weniger würdig und als das zu Überwindende betrachten, das in Zivilisation verwandelt werden muss.

Die WILDE KIRCHE bricht hier aus und geht diesen Weg nicht mit. Die franziskanische Bewegung gibt ein Zeugnis dafür, denn sie zeichnet sich dadurch aus, dass sie radikal nicht-exklusiv ist. Es gibt eine schöne Geschichte, wo die Brüder des heiligen Franziskus gefragt werden, wo ihr Kloster liegt. Sie steigen auf einen hohen Berg mit dem weitestmöglichen Blick und sagen: »Unser Kloster ist die Welt.« Das ist das Motto der WILDEN KIRCHE.

▶ *Was würdest du antworten, wenn jemand dich fragt, wo dein »Kloster« ist? Wo ist deine spirituelle Heimat?*

→ Kapitel 05 – Wer ist »wir« in der WILDEN KIRCHE?
→ Kapitel 10 – Unsere ursprüngliche Wildnis ist der Wald

31 WILDE KIRCHE versus Institution

Es geht nicht darum, die WILDE KIRCHE gegen die Institution Kirche auszuspielen. Ebensowenig wie es Sinn machen würde, die große und die kleine Tradition gegeneinander auszuspielen. Das Modell kann uns jedoch helfen, das Verhältnis passend zu bestimmen. Die große Tradition – und mit ihr verbunden alles Institutionelle – ist notwendig, um das Leben der kleinen Tradition zu sichern und zu fördern. Deshalb ist auch die WILDE KIRCHE nicht besser als die institutionelle Kirche. Aber die Frage ist, wie die Institution und die Amtsträger sich selbst verstehen im Zusammenspiel mit der kleinen Tradition. Papst Franziskus hat zum Beispiel dadurch Aufsehen erregt, dass er die Verhältnisse umkehrt und die große Tradition konsequent in den Dienst der kleinen stellt. Der Papst spricht vom »sensus fidei«, dem »Instinkt des Glaubens« (*Evangelii gaudium* 119), und zeichnet ein Bild, in dem nicht die Herde den Hirten folgt, sondern der Hirte der Herde (EG 31), weil die Herde einen eigenen »Spürsinn« besitzt, um die richtigen Wege zu finden. Das ist WILDE KIRCHE.

Viele Menschen arbeiten sich derzeit ab an der großen Tradition, weil diese letztlich versagt und ihrer Rolle nicht gerecht wird. Wir leben in einer Kultur, in der wir Zugang haben zu Bräuchen und Traditionen aus aller Welt. Die kleine Tradition wird immer globaler, wenn man so will. Wir haben uneingeschränkt Zugang zu Bräuchen und Praktiken anderer Kulturen und erforschen unsere eigenen kulturellen Wurzeln. Es wäre die Aufgabe der großen Tradition, einen wahrhaft »katholischen« (Denk-)Rahmen zu bilden, in dem alle diese Traditionen Raum haben. Katholisch bedeutet ja ursprünglich »allumfassend« (vom Griechischen *ka-*

tholikós). Es gibt Regionen, wo das ansatzweise funktioniert. In Südamerika zum Beispiel setzt sich gerade die Kirche offiziell vielerorts dafür ein, die indigenen Sprachen und Kulturen zu erhalten und zu erforschen. In Südamerika und am Beispiel von Papst Franziskus und der Befreiungstheologie, der er nahesteht, wird auch deutlich, wie Kirche als Institution innerhalb der großen Tradition (die ja auch die politische und militärische Führung umfasst) zum Anwalt der kleinen Tradition werden kann, und das beschränkt sich nicht auf Almosen und Caritas, sondern hat eine politische Dimension – etwa dann, wenn Kirche Ressourcen zur Verfügung stellt wie Raum und Personal, damit die kleine Tradition sich sammeln kann und so auch politisch hör- und sichtbar wird. Wenn Papst Franziskus von einer »Kirche der Armen« spricht, dann meint er ja nicht bloß die materiell Armen, sondern dann ist das ein anderes Wort für die kleine Tradition und damit für das, was ich unter WILDER KIRCHE verstehe.

Leider haben wir in den letzten Jahrzehnten weitgehend eine kleinkarierte, ängstliche religiöse Elite erlebt, die vor allem auf den Selbsterhalt bedacht ist und im schlimmsten Fall alles als »esoterisch« und »heidnisch« verurteilt, was nicht in den vom 19. Jahrhundert geprägten traditionellen Rahmen passt, der eben alles andere als »katholisch« im Wortsinn ist. Das erfüllt maximal noch die Sehnsucht einiger ängstlicher Seelen, die sich nach Sicherheit, Eindeutigkeit und gefühlter Objektivität sehnen.

In der WILDEN KIRCHE aber sammeln sich jene, die nicht nach Sicherheit suchen, sondern nach Weite, nach persönlicher und spiritueller Entwicklung und Erneuerung und nach echter Heimat. Ich bin überzeugt, dass in der kleinen Tradition und damit in der WILDEN KIRCHE das Potenzial für einen ökologisch-sozialen Wandel und Lebensstil liegt. Mit diesem Potenzial können wir vielleicht die Probleme lösen, die uns gegenwärtig sorgen: die gesellschaftliche Spaltung und eine Kultur, die das Klima aufheizt im wahrsten Sinne des Wortes, nicht nur gesellschaftlich, sondern auch ökologisch.

▶ *Wo und wie siehst du deine Rolle im notwendigen ökologischen und sozialen Wandel in Gesellschaft (und Kirche)?*

▶ *Was ist für dich WILDE KIRCHE?*

→ Kapitel 02 – Entkolonialisierung der Seele
→ Kapitel 12 – Keine Zuschauer, bitte (erste und zweite Bibel)

PRAXIS

Das Feuer hüten –
Handwerkszeug für die WILDE KIRCHE

Zuerst braucht es einen Funken. Wenn der Funken aber auf die Erde fällt oder auf ein großes Stück Holz, dann wird daraus noch kein Feuer. Es braucht einen Funkenfänger, zum Beispiel ein kleines verkohltes Baumwollläppchen, das sich von dem Funken zum Glühen bringen lässt. Diese Glut ist wie ein kleiner Feuerembryo, der ein Nest braucht aus trockenem Stroh und leicht entzündlichen Materialien wie Birkenrinde. Ist der Feuerembryo im Nest, braucht es Nahrung: Sauerstoff. Jetzt heißt es pusten, bis das Nest in Flammen aufgeht. Das Feuerkind ist geboren. Und damit das nicht das sprichwörtliche Strohfeuer bleibt, braucht das Feuerkind feste Nahrung: trockene Holzspäne und Hölzchen. Erst wenn diese Feuer gefangen haben und kontinuierlich brennen, können größere Holzscheite aufgelegt werden. Jetzt ist aus dem kleinen Funken ein »erwachsenes« Feuer geworden.

Dieser Prozess braucht Feuerhüterinnen und Feuerhüter, die wissen, dass sie das Feuer nicht »machen«, sondern vielmehr einen Rahmen schaffen, in dem mit den richtigen Zutaten ein großes, wärmendes Feuer entstehen kann. Ganz ähnlich verhält es sich mit der WILDEN KIRCHE. Auch sie braucht Feuerhüterinnen und Feuerhüter.

Woran man die WILDE KIRCHE erkennt

Eine WILDE KIRCHE kann man nicht »gründen«. Es gibt auch keine Regeln oder Statuten, die festlegen, wer zur WILDEN KIR-

CHE gehört und wer nicht, was dort genau getan wird und wie es zu tun ist.

Für die WILDE KIRCHE können wir nur immer wieder neu Raum schaffen. Und dann verwirklicht sich unter uns das, was im Neuen Testament »Leib Christi« genannt wird (1 Kor 12,27). Dieser Leib umfasst viel mehr als diese oder jene Kirchenmitglieder. Dieser mystische Leib ist letztlich die ganze Schöpfung selbst: Menschen, Tiere, Pflanzen, Mineralien und alle Elemente. Zusammen sind wir Kinder der Erde.

Der Name Adam kommt von *adamah*, hebräisch für *Erde*, und heißt »Erdling«. Der biblische Adam ist für die frühen Christen der Prototyp des »irdischen Menschen«, Christus ist der Prototyp des »himmlischen Menschen« (vgl. 1 Kor 15,47). Das ist aber kein Entweder – Oder, sondern Ausdruck einer Evolution, die wir Menschen durchlaufen. Wir beginnen alle in der ersten Lebenshälfte. Wir beginnen alle egozentriert. Die gute Nachricht (das Evangelium!) lautet: Da ist noch eine zweite Lebenshälfte. Und die ist nicht nur eine Sache von Lebensjahren. Es geht um eine bestimmte Qualität. Die zweite Lebenshälfte ist seelenzentriert. Paulus sagt es so: »Wie wir nach dem Bild des Irdischen gestaltet wurden, so werden wir auch nach dem Bild des Himmlischen gestaltet werden« (1 Kor 15,49). Christus ist erfahrbar als »lebendigmachender Geist« (1 Kor 15,45). Und das betrifft nicht nur eine bestimmte Gruppe oder nur die Menschheit, sondern den ganzen Kosmos: Christus ist der »Erstgeborene der ganzen Schöpfung« (Kol 1,15) und damit die alles verbindende Kindschaft, die alle Lebewesen zu Geschwistern macht. Aus diesem Glauben heraus ist Franz von Assisi allen Geschöpfen als Schwestern und Brüdern begegnet. In der ganzen Schöpfung hat er Christus erkannt.

Diese Wirklichkeit muss von niemandem erst geschaffen werden, sie ist immer da und immer wahr ohne jegliche Bedingung. Unser Menschsein ist allerdings von der Eigenschaft gekennzeichnet, dass wir uns für oder gegen diese Wirklichkeit entscheiden können. In der christlichen Tradition heißt es, sich für (oder gegen) Christus zu entscheiden. Das erschöpft sich allerdings nicht in Lippenbekenntnissen, und das wussten schon die ersten Christen. Es genügt nicht, herumzulaufen und »Herr, Herr« zu rufen (Mt 7,21). Sich für diese (Christus-)Wirklichkeit zu entscheiden und folglich christuszentriert oder – das wäre gleichbedeutend – seelenzentriert zu leben, öffnet den Raum für WILDE KIRCHE, denn »wo zwei oder drei in meinem Namen versammelt sind, da bin ich mitten unter ihnen« (Mt 18,20).

Die WILDE KIRCHE wird erkennbar an drei Merkmalen:

▶ WILDE KIRCHE ist immer »außerhalb«.
Merkmal 1: Die WILDE KIRCHE findet immer »außerhalb der Tore« statt. Und das ist wohlgemerkt nicht ausschließlich räumlich gemeint. Die WILDE KIRCHE kann durchaus in einem Gebäude zusammenkommen (auch wenn es natürlich eine gewisse Tendenz dazu gibt, sich ohne ein Dach über dem Kopf zu versammeln). »Vor der Tür« ist ein Symbol dafür, dass das »Drinnen« der WILDEN KIRCHE immer ein »Draußen« ist. Wir könnten auch sagen: WILDE KIRCHE findet immer in herrschaftsfreien Räumen statt, sprich: jenseits von einem wie auch immer gearteten »Drinnen«, in dem jemand die Kontrolle oder die Deutungshoheit beansprucht. Außerhalb jeglicher Herrschaft oder Verfügungsgewalt.

▶ WILDE KIRCHE ist radikal nicht-exklusiv.
Merkmal 2 ergibt sich aus dem ersten: WILDE KIRCHE ist radikal nicht-exklusiv. Sie schließt niemanden aus. Alle, wirklich alle haben

Platz in der WILDEN KIRCHE. Das heißt nicht, dass sie diesen Platz wollen und auch einnehmen. Alle können, niemand muss. In diesem Sinne ist die WILDE KIRCHE im wörtlichen Sinne: katholisch, allumfassend.

▶ WILDE KIRCHE nimmt immer eine kosmische Perspektive ein.
Merkmal 3 ergibt sich aus den ersten beiden Merkmalen. Die Perspektive und Haltung in der WILDEN KIRCHE ist immer auf den ganzen Kosmos ausgerichtet (→ Reflexion Kap. 20). So könnte man sagen, dass jegliches Denken und Handeln in der WILDEN KIRCHE kosmologisch ausgerichtet ist. Das klingt theoretisch, ist aber alles andere als das. Es ist die Weltsicht, in der in indigenen Kulturen alle Entscheidungen und jegliches Handeln gründen. Zum Beispiel das Prinizip, die Folgen wichtiger Entscheidungen bis in die siebte Generation zu antizipieren.

Der Rahmen selbst ist nicht die WILDE KIRCHE

Die Vorstellung ist verbreitet, dass in herrschaftsfreien Räumen das blanke Chaos herrscht. Ungefähr so denken wir ja in unserer Kultur über »die Wildnis« (→ Reflexion Kap. 03). Das ist natürlich Quatsch. Räume und Zeiträume zu schaffen, in denen bestimmte Erfahrungen möglich sind, hat immer mit Abgrenzung zu tun. Abgrenzung ist aber nicht automatisch gleichbedeutend mit Ausgrenzung. Das Ziel ist, einen Rahmen zu schaffen für die WILDE KIRCHE. Was in diesem Rahmen dann konkret erfahren wird, darüber hat niemand die Kontrolle. Kurzum: Wir können die WILDE KIRCHE nicht »machen«. Wir schaffen nur einen räumlich und zeitlich abgegrenzten Rahmen. Zum Beispiel: »Jetzt beginnen wir.« »Jetzt enden wir.« Das wäre eine sehr einfache Abgrenzung und ein sehr einfacher Rahmen. Oder: »Wir gehen

reihum, und wenn eine Person spricht, hören die anderen zu.«
Auch das wäre eine – schon etwas komplexere – Abgrenzung.

Wo finde ich die WILDE KIRCHE *(und wo nicht)?*

Ganz in diesem Sinne ist der folgende Abschnitt die Antwort auf die Frage: Wo und wie finde ich die WILDE KIRCHE? Immer wieder kommen Menschen zu barfuß & wild und fragen: Wo ist die WILDE KIRCHE? Wie kann ich ihr beitreten? Wo ist eine Gruppe, an der ich teilnehmen kann?

Ich kann diese Frage gut verstehen, denn ich bin selbst jahrzehntelang mit dieser Frage durch die Welt gegangen: Wo ist meine (spirituelle) Heimat? Wo werde ich gesehen, wie ich bin? Wo werde ich verstanden? Wo habe ich Raum mit bestimmten Fragen? Wo hat meine Gabe Platz? Und so weiter.

Aber der Funke der Sehnsucht allein macht noch kein Feuer. Ein Funke braucht – wie gesagt – den richtigen Rahmen und die richtigen Zutaten, damit ein Feuer entstehen kann.

In diesem Sinne kann WILDE KIRCHE überall dort erfahrbar werden, wo die Fähigkeit ist, ein Feuer zu hüten, doch leider gibt es nicht viele Feuerhüterinnen und Feuerhüter. Dafür gibt es viel Funkenflug und eine Menge Strohfeuer.

Aus den drei Merkmalen der WILDEN KIRCHE ergeben sich drei »Hindernisse«, die WILDE KIRCHE verhindern.

Das erste Hindernis ist Enge. Dann fehlt die kosmische Perspektive und damit die nötige Weite. Menschen laufen dann Gefahr, aus dem eigenen Bedürfnis nach Gemeinschaft und Bestätigung heraus andere für ihre Wunscherfüllung zu instrumentalisieren.

Ich brauche dann die anderen, und im Grunde ge-brauche ich sie (hier entspringt übrigens auch der Weg zu dem, was wir Missbrauch nennen).

Meine Erfahrung ist: Je stärker mein Wunsch nach Gemeinschaft, Verbundensein und Teilhabe war und je mehr ich versucht habe, andere für die Erfüllung meines Wunsches einzuspannen, desto einsamer und heimatloser habe ich mich gefühlt.

Auch hier gilt es, achtsam zu sein. Und wenn jetzt einige Hinweise für die Praxis folgen, wie Raum geschaffen werden kann für die WILDE KIRCHE, dann ist es wichtig, die eigene Bedürftigkeit dabei immer im Blick zu behalten, damit sie nicht am Ende die wesentliche Erfahrung verhindert.

Wohlgemerkt ist es nicht das Ziel, gar keine Bedürfnisse mehr zu haben. Im Gegenteil. Wir sind alle Bedürftige und bleiben es auch immer. Unsere Sehnsüchte haben eine große Kraft; sie können uns motivieren und sind wichtige Nahrung für ein Feuer. Es macht aber einen Unterschied, ob ich Bedürfnisse habe oder ob die Bedürfnisse mich haben.

Das zweite Hindernis ist Exklusivität. Immer wieder erlebe ich in Gruppen die Tendenz, ab einem gewissen Punkt niemanden mehr aufzunehmen, denn es sei ja nun eine ideale Gruppengröße erreicht und es sei ein Vertrauen entstanden, das besonders sei und auch geschützt werden müsse. An dieser Stelle endet die WILDE KIRCHE und beginnt etwas anderes. Nennen wir es Interessengemeinschaft, Freundeskreis oder Clique. WILDE KIRCHE ist all das nicht.

Jedes der genannten Anliegen – die Frage der Gruppengröße, des Vertrauens und des Schutzes – ist wichtig. Exklusivität beantwortet diese Anliegen aber nicht wirklich, sondern konserviert nur einen bestimmten Status. Stattdessen wäre zu fragen, wie der Rahmen angepasst werden kann, zum Beispiel indem Kleingruppen gebildet werden, ähnlich wie bei einer Zellteilung.

Das dritte Hindernis ist Macht in Form von Deutungshoheit, die meistens daran deutlich wird, dass jemand darauf besteht, »nur so« gehe dies oder jenes. Ich bin dann zum Beispiel besorgt darum, dass alle zu einem Termin kommen – die Liste von »Nur so geht es«-Vorstellungen lässt sich beliebig verlängern: Nur wenn wir die Kerzen in einer bestimmten Reihenfolge entzünden, ist es »richtig«. Nur diese oder jene Zuordnungen im Lebensrad (oder in irgendeinem anderen System) machen Sinn. Nur wenn auch alle tanzen bei der Tanzübung, können wir eine intensive Erfahrung machen. Nur wenn auch alle sich zu Christus bekennen, kann ich mich wohlfühlen. Nur wenn sich immer alle wohlfühlen, können wir zusammenkommen.

Ein Beispiel dafür, wie diese Hindernisse wirken, ist die Geschichte von der wundersamen Brotvermehrung (Lk 9,11–17; Joh 6,1–15). Viele Menschen sind zusammengekommen in der Wildnis und die Jünger wollen sie nach Hause schicken, weil sie nicht genug Vorräte für alle haben und nicht wissen, wo sie jetzt hier draußen einkaufen sollen. Auch das ist ein Beispiel für die Versuchung der Macht, denn die Jünger beanspruchen – unbewusst – die Deutungshoheit: Nur wenn wir alle versorgen, geht es. Das ist ein Beispiel dafür, wie »Feuerhüter« – und die Jünger übernehmen hier diesen Dienst – sich selbst zu wichtig nehmen können, ohne zu bemerken, dass sie dadurch eine subtile Form von Macht ausüben. Viele Räume, in denen WILDE KIRCHE erfahrbar werden könnte, entstehen nicht, weil die Feuerhüterinnen und Feuerhüter überzeugt sind, dass es so jetzt hier nicht geht. Die logische Folge aus den Einwänden der Jünger lautet: Schick die Leute nach Hause. Der Kreis muss verkleinert werden. Da scheint die zweite Versuchung auf: Exklusivität.

Und schließlich wird daran eine Enge sichtbar, die dritte Versuchung, die in einer Art Mangelbewusstsein besteht: »Fünf Brote und zwei Fische, was ist das für so viele?« fragt Petrus, als ein kleiner Junge seine Vorräte ausbreitet. Ein solches Mangelbewusstsein ist praktisch tödlich für die Wilde Kirche, denn wer diesem Bewusstsein folgt, gerät in einen Teufelskreis der Vorbereitung: Ich habe keinen geeigneten Raum, ich habe noch nicht genug Kompetenz, um das Feuer zu hüten, und so weiter.

Jesus ist der Prototyp des Feuerhüters. Er nutzt und organisiert die vorhandenen Ressourcen, um daraus den Rahmen zu schaffen, den es jetzt braucht und der möglich ist, damit eine bestimmte Qualität wirksam werden kann. Es gibt keine Garantie dafür, dass das gelingt. Offensichtlich hat es aber funktioniert. Die große Menge bildet kleine Gruppen. Der kleine Junge teilt seine Vorräte mit allen und das Wunder besteht nicht darin, dass Jesus das Brot durch Zauberei vermehrt, sondern dass dieser Funke alle ermutigt, auch ihre Vorräte zu teilen. So ist am Ende mehr als genug für alle da.

Die Wilde Kirche finde ich also nicht einfach zufällig irgendwo, sondern die Frage ist immer, wie der Rahmen jetzt und hier aussehen kann, in dem Wilde Kirche erfahrbar werden kann. Die folgenden Praxisimpulse sind daher keine Gebrauchsanweisung für die Wilde Kirche im Sinne eines »Mach es genau so«. Sie wollen ein Wegweiser sein und eine Art Ausgangspunkt, zu dem immer wieder zurückgekehrt und von dem immer neu ausgegangen werden kann.

Den Weg des Kreises gehen

»Wo ist das Reich Gottes?«, wird Jesus gefragt. Und er antwortet: »Man kann nicht sagen: Sieh nur, es ist hier! Oder: Siehe, es ist dort! Denn das Reich Gottes ist in euch!« (Lk 17,21). Das Reich Gottes ist da, wo du bist. Die WILDE KIRCHE ist da, wo du bist. Es braucht noch nicht einmal die berühmten »zwei oder drei«, die versammelt sind. Und es wird auch nicht besser, wenn sich zweihundert oder dreihundert versammeln. Die Existenz der WILDEN KIRCHE hängt nicht davon ab, dass du sie »machst«. Sie ist sowieso da und du kannst nur das beiseiteräumen, was dich an der Wahrnehmung und Erfahrung hindert. Das gilt persönlich und in Gemeinschaft. Und das ist das, was wir bei barfuß & wild den Weg des Kreises nennen, auch bekannt als »Council«.

Auf die Stille hören

Alles beginnt in und mit der Stille. Keine Worte. Keine Vorstellungen. Keine Bewertungen. Keine Vorurteile. Schlichtes Dasein.

Stille ist Wildnis, denn sie lässt sich durch nichts kontrollieren. Du kannst sie bekämpfen, du kannst sie übertönen, aber damit hast du sie nicht beseitigt. Sie taucht alsbald wieder auf, weil sie immer und überall da ist.

Stille ist die Schwelle in jenes Draußen, wo die WILDE KIRCHE zu Hause ist und was in Wahrheit das wahre Drinnen von allem ist. Stille ist das Tor zu jenem herrschaftsfreien Raum, in dem WILDE KIRCHE gegenwärtig ist.

Stille ist mehr als die Abwesenheit von Worten. Stille ist ein bewusstes Loslassen all dessen, was die Stille füllen könnte, und Ausgerichtetsein auf alles oder das Ganze, wie es im Psalm zum Ausdruck kommt: »Sei still und erkenne, dass ich Gott bin« (Ps 46,11).

Stille liegt immer jenseits unseres Alltagsbewusstseins. Deshalb ist Stille der Schlüssel zum Heiligen und zur Seele. Am Grund der Seele findest du Stille und in der Stille findest du Gott.

Viele Menschen in der westlichen Kultur meiden die Stille. Sie ist für sie gleichbedeutend mit Alleinsein und Einsamkeit. Tatsächlich wird dich die Stille daran erinnern, dass du im Wesentlichen allein bist. Wir werden allein geboren. Wir sterben allein. Alles kommt aus der Stille und geht in die Stille zurück. Und es braucht Stille, damit etwas zu Ende gehen und neu beginnen kann.

Vor dem Sprechen kommt daher das Hören auf die Stille. Nicht Worte werden die Welt und den Lauf der Dinge verändern, sondern die Kunst, wirklich zuzuhören.

WILDE KIRCHE entsteht dort, wo Hörende sind.

Als König Salomo im Traum aufgefordert wird, einen beliebigen Wunsch zu äußern, bittet er um ein »hörendes Herz« (1 Kön 3,9). Das Herz symbolisiert in hebräischer Perspektive das Innerste der Person. Das Hören steht für die Umkehr, die Rückkehr zur Quelle.

Hören und Staunen sind miteinander eng verwandt. Denn wirklich zuhören können wir nur, wenn wir (noch) staunen können. Und Staunen ist wiederum nur ein anderes Wort für Nichtwissen. Ich weiß nicht, was dies oder jenes bedeutet. Ich weiß nur, dass es so ist. Und ich kann es bezeugen.

Singen

Die Wissenschaft streitet darüber, ob in der Geschichte der Entstehung des Menschen erst der Gesang oder erst die Sprache kommt. Vermutlich lässt sich das überhaupt nicht trennen. Fest steht: Ein Lied sagt mehr als tausend Worte. Das bedeutet, dass Singen auf natürliche und einfache Weise nicht nur eine intellektuelle Saite in dir zum Klingen bringt, sondern auch eine emotionale. Singen berührt dich nicht nur im Kopf, sondern auch im Herzen und im Bauch. Singen berührt die Seele.

Das ist vielleicht auch der Grund, warum wir in Deutschland nicht mehr so selbstverständlich miteinander singen. Die Nationalsozialisten haben das verbindende Potenzial von Liedern und Gesängen für ihre perversen Zwecke zu missbrauchen gewusst. Scham und Schrecken sitzen so tief, dass in Deutschland das Singen in Gemeinschaft – und das heißt ohne Aufführungscharakter – nicht mehr ganz selbstverständlich ist.

Es gibt einen weiteren Grund dafür. Wir erleben eine nie dagewesene Verbreitung professioneller Musik, die wir mit natürlichen Mitteln selbst nicht einfach nachbilden können. Immer öfter heißt es vielleicht genau deshalb: »Ich kann nicht singen.«

Auch hier braucht es eine Entkolonialisierung (→ Reflexion Kap. 02, 05) und Neubesinnung. Und das beste Mittel ist: Singen.

Chanten ist eine Möglichkeit, wieder Zugang zum gemeinsamen Singen zu bekommen. Chants sind einfache Lieder, die meist nur aus einer einzigen Strophe bzw. einem Refrain ohne Strophen bestehen, sodass es auch keine Noten- oder Textbücher braucht. Sie haben einfache Melodien und werden nicht nur einmal gesungen, sondern mehrfach wiederholt wie ein Mantra.

Diese Lieder kannst du leicht auswendig lernen – »by heart«, wie das im Englischen heißt, und genau darum geht es: Diese einfachen Lieder kommen von Herzen und gehen zu Herzen.

Von Herzen schreiben

Auch das Schreiben kann einen Zugang zur Seele schaffen – und ich nenne es hier, um die Vorstellung durchlässig zu machen, der Weg des Kreises hinge in erster Linie von gesprochenen Worten ab. Wenn du schreibst, dann verlangsamt sich das Denken. Schreiben aktiviert das motorische Gedächtnis. Es ist mehr ein Tun als ein Denken. Das macht es möglich, auch tiefere Schichten deines Bewusstseins zu Wort kommen zu lassen. Schreibend kannst du die Seele sprechen lassen.

Voraussetzung dafür ist, dass du deinem Alltagsbewusstsein eine Pause verordnest, jenem Teil deines Selbst, dessen Aufgabe es ist, alles zu bewerten und zu beurteilen, was du tust. Denn das wäre in diesem Fall kontraproduktiv. Die Seele schert sich nicht um schöne Formulierungen oder Angemessenheit. Die Seele ist wild (→ Reflexion Kap. 08, 09).

Dein Alltagsbewusstsein kann nicht besonders viele Dinge gleichzeitig tun. Daher gibt es eine einfache Möglichkeit, es zu umgehen – oder anders gesagt: es konsequent zu überfordern, bis es aufgibt.

Schreibe nicht einfach drauflos, sondern gestalte ein Schreibritual – für dich selbst oder für einen Kreis. Lege ein Thema fest, mit dem du ins Schreibritual gehen möchtest. Du kannst das zum Beispiel mit den Reflexionsfragen im zweiten Teil üben.

Definiere einen Zeitraum, in dem du schreibst. Und in dieser Zeit gibt es nur eine Regel: Du schreibst, ohne abzusetzen. Und wenn dir nichts mehr einfällt, schreibst du das letzte Wort, das auf dem Papier steht, einfach noch einmal und noch einmal, so lange, bis wieder Worte kommen. Du kannst auch schreiben, dass dir nichts einfällt, und mit der Leere und dem Nichtwissen ins Gespräch gehen. Wichtig ist, dass der Fluss der Worte nicht abbricht.

Das Thema ist nur der Ausgangspunkt für dieses Schreibritual. Es ist ausdrücklich nicht das Ziel, besonders kluge Gedanken zu Papier zu bringen. Der Ausgangspunkt kann auch ein Satz sein, den du schreibend vervollständigst, sobald die Zeit läuft. Hier einige Beispiele:

Ich bin jetzt gerade dankbar für …; wenn ich meiner Fantasie freien Lauf lasse, denke ich an …; in einem Traum, an den ich mich jetzt gerade erinnere, bin ich …

Von Herzen zuhören

Hören hat auch eine kindliche Qualität. Wer wirklich zuhören möchte, braucht eine innere Momo. Die Figur im gleichnamigen Roman von Michael Ende kann besonders gut zuhören, heißt es. Und dieses Zuhören bewirkt, dass »dummen Leuten plötzlich sehr gescheite Gedanken« kommen. In der Begegnung mit Momo wissen Ratlose plötzlich, was sie wollen. Schüchterne fühlen sich frei und mutig. Unglückliche und Bedrückte fühlen sich zuversichtlich und froh. Solches Hören schafft Raum für das, was (schon) da ist. Und – wie es bei Michael Ende heißt – weckt die Überzeugung in jedem und jeder Einzelnen, auf einzigartige Weise für die Welt wichtig zu sein.

Hören ist die kontemplative Grundübung der WILDEN KIRCHE.

Zuhören bedeutet, nicht nur die Worte wahrzunehmen, sondern auch auf das Nichtgesagte zwischen den Zeilen zu hören. Wo ist eine Berührung? Wo ist der oder die Sprechende selbst berührt? Was berührt mich?

Zuhören hat weniger mit Verstehen zu tun, sondern mit Verständnis. Bewertungen, Zustimmung, Ablehnung, alles, was sich zwischen mich und das Gesagte des anderen schiebt, kann ich wahrnehmen und ziehen lassen. Das ermöglicht tiefes Zuhören.

Die eigene Sprunghaftigkeit zu zähmen, ist ein Stück Arbeit und braucht Übung. Ein Gedanke erzeugt neue Gedanken, und schon bist du mit der Aufmerksamkeit nicht mehr bei dem, was gerade gesagt wird, sondern bei dem, was du vielleicht demnächst sagen möchtest.

Zuhören heißt, in der Gegenwart zu bleiben und immer wieder in diese Gegenwart zurückzukehren.

Der Fokus liegt in der Mitte. Die Kreisform unterstützt tiefes Zuhören daher am besten.

Von Herzen sprechen

Von Herzen zu sprechen bedeutet vor allem, von dir selbst zu sprechen. Das braucht freudigen Mut und ein Interesse dir selbst gegenüber. Insofern ist das Sprechen von Herzen auch eine Art des Zuhörens.

Sprich von dir und sage »ich«, nicht »man«. Sprich über deine Gedanken, Gefühle, Annahmen und so weiter. Sprich nicht über andere und deren Gedanken und Gefühle.

Erzähle deine persönliche Geschichte. Das ist etwas anderes, als zu philosophieren. Gefühle haben dabei Vorrang gegenüber Meinungen und Theorien.

Du kannst vor allem dem Prozess Aufmerksamkeit schenken: Wie bist du dorthin gekommen, wo du jetzt bist? Was schließt du für dich daraus?

Von Herzen zu sprechen bedeutet, im Augenblick und aus dem Augenblick heraus zu sprechen. Das braucht Mut zur Spontaneität, und es bedeutet, nicht bloß die Wahrheiten wiederzugeben, die du schon kennst und öfter gesagt hast. Das Repetieren von altem Wissen über dich selbst, von alten Geschichten, die du schon oft erzählt hast, das berühmte »Reden wie gedruckt« – all das ist oft Ausdruck einer Furcht, sich auf den Augenblick einzulassen und dem Raum zu geben, was jetzt in den Sinn kommt. Spontaneität ist niemals druckreif oder perfekt. Versuche dich in der Annäherung.

Von-Herzen-Sprechen bewegt sich hin zur Verletzlichkeit, nicht weg davon, allerdings ohne sich selbst zu vergewaltigen. Ein Seelenstriptease ist nicht stimmig und nicht notwendig. Es genügt, unter allen inneren Stimmen auf die leise Stimme zu hören und zu fragen: Wer bin ich auch noch? Was schwingt auch noch mit, wenn ich es ausspreche?

Von-Herzen-Sprechen braucht in jedem Fall Vertrauen und einen Kreis, der es bezeugen und würdigen kann.

Die Sitzordnung

Wenn du die Welt verändern willst, musst du die Sitzordnung ändern. Sitzordnung ist dabei ein anderes Wort für Haltung.

Die in unserer Kultur übliche Sitzordnung unterscheidet meist einen Zuschauerraum und eine Bühne. Die Zuschauer sind dabei die Empfänger. Die Sender agieren auf der Bühne. Konzertsäle, Theater, die allermeisten Kirchen und Wohnzimmer mit Fernseher sind so gestaltet.

Die ursprüngliche Sitzordnung ist – im Gegensatz dazu – der Kreis. Auch diese Sitzordnung finden wir noch in unserer Kultur in Esszimmern, Kindergärten, Therapiegruppen und ansatzweise auch in Parlamentssälen, wo die Abgeordneten im Kreis sitzen und gelegentlich von ihrem Platz aus sprechen.

In einem echten Kreis ist Kommunikation keine Einbahnstraße. Alle sitzen gleich weit entfernt von der Mitte, und das bringt zum Ausdruck, dass alle im Kreis gleichermaßen berechtigt sind. Der Fokus liegt nicht bei einem Sprecher oder einer Sprecherin, sondern in der Mitte, über die nicht Einzelne verfügen, sondern alle gemeinsam.

Den Raum gestalten

Jeder Kreis braucht einen geeigneten Raum. Beginne bei der Gestaltung mit der Mitte, denn sie symbolisiert das übergreifende Wahre des Kreises, in dem gilt, dass die eine Wahrheit die andere nicht auslöscht. Bringe dieses große »und« in der Mitte mithilfe von Symbolen zum Ausdruck. Du kannst zum Beispiel ein Mandala legen, ein Lebensrad gestalten oder auch andere Symbole wählen, die den Menschen, die zusammenkommen, bekannt sind und dementsprechend verstanden werden können.

Wenn es möglich ist, auf dem Boden zu sitzen, dann stärkt das die Verbundenheit in einem Kreis. Es erdet die Teilnehmenden und stärkt das Sprechen aus dieser ursprünglichen Verbindung heraus. Es bewahrt erfahrungsgemäß auch davor, in Diskussionen und Wortgefechte abzugleiten.

Vermeide alles, was im Inneren des Kreises eine Barriere schaffen könnte, zum Beispiel Tische oder andere Möbel. Der äußere Raum sollte den inneren Raum unterstützen. In jedem Fall ist es wichtig, dass der Raum sicher und ungestört ist.

Der Redegegenstand

Ein Redegegenstand unterstützt das Hören und Sprechen von Herzen. Die Regel ist einfach: Wer den Gegenstand hat, spricht von Herzen. Wer ihn nicht hat, hört von Herzen zu.

Es kann einen oder auch mehrere solcher Redegegenstände geben.

Der Redegegenstand signalisiert den Beginn und das Ende eines Beitrages und erzeugt eine natürliche Pause zwischen den Beiträgen, wenn er weitergegeben wird.

Der Redegegenstand ist somit ein Teil der Mitte, denn er symbolisiert das Potenzial eines Kreises.

Richtlinien für das Kreisritual

Ein Kreis in der WILDEN KIRCHE ist ein Ritual und im wahrsten Sinne des Wortes ein Gottesdienst, denn die Mitte eines Kreises verkörpert letztlich die Schechina, wie die Einwohnung Gottes in der jüdischen Tradition genannt wird. Gott ist immer größer als alles Bekannte. Das bedeutet, dass in diesem Kreis das Unbekannte eingeladen wird, ebenso wie auch das Ungewisse und Unerwartete.

Ein solcher Kreis verfolgt kein Ziel oder eine bestimmte Idee, sondern etwas, das wir Anliegen nennen können, aus dem heraus der Kreis sinnbildlich gesprochen auf Forschungsreise geht, ohne dabei ein bestimmtes Ergebnis anzustreben.

So ergeben sich vier Richtlinien für diese Kreise:

1 Sprich deine Wahrheit von Herzen aus, das heißt: spontan, aus dem Augenblick heraus.
2 Höre mit offenem Herzen zu, das heißt: Bereite nicht deine Rede vor, während andere sprechen.
3 Komme direkt zum Punkt: Wir sind es gewohnt, nicht gehört zu werden, daher leiten wir oft lange ein, wiederholen das Gesagte mehrmals, machen es interessant, erklären, argumentieren. All das braucht es in diesem Kreis nicht. Hier wirst du gehört, ohne etwas dafür zu tun. Du musst nicht um Gehör kämpfen. Sprich also aus, was immer dir selbst, dem Kreis oder dem großen Ganzen dient. Lass dich dabei (von dir selbst) überraschen. Die Wahrheit liegt in der Mitte des Kreises.
4 Was immer gesagt wird, bleibt im Kreis. Es braucht Vertraulichkeit, um den Rahmen eines solchen Kreises zu gewährleisten. »Im Kreis« bedeutet auch, dass nach dem Kreis in anderen

Räumen und Zusammenhängen nicht ohne Weiteres über das Gesagte gesprochen wird.

Der Rahmen: Eröffnung und Abschluss

Besondere Aufmerksamkeit verdienen in jedem Ritual Beginn und Ende. Vor allem zu Beginn darf deutlich werden, dass es in diesem Kreis um eine bestimmte Qualität geht, die Raum bekommen soll.

Einmal kamen etwa 70 Menschen zusammen, um im Kreis zu sprechen. Es war eine Stunde Zeit. Das bedeutete schon rein rechnerisch, dass die Einzelnen weniger als eine Minute zum Sprechen haben würden. Zu Beginn fragten die Feuerhüterinnen, ob jemand noch etwas brauche für diesen Kreis. Einige standen auf und besorgten sich noch ein Kissen. Andere holten für sich noch eine Decke. Jemand brauchte doch noch einen Stuhl. So vergingen 20 Minuten. Dann brauchte es einige Zeit, bis der Kreis wirklich ein Kreis war und alle so saßen, dass sie einander gut sehen und hören konnten. Am Ende waren noch 25 Minuten übrig. Nach einer kurzen Stille stimmten die Feuerhüterinnen ein Lied an. Das Anliegen des Kreises wurde noch einmal in Erinnerung gerufen. In den verbleibenden 17 Minuten ging der Redegegenstand von einer Person zur nächsten. Alle hielten das kleine Holzstück ein oder zwei Atemzüge lang in der Hand. Nicht alle sprachen. Die Worte, die gesprochen wurden, waren sehr persönlich und berührten etwas Wesentliches. Fünf Minuten vor dem Ende der Zeit war der Redegegenstand einmal im Kreis herumgegangen. Nach einer kurzen Stille dankten die Feuerhüterinnen allen für ihre Bereitschaft, den Rahmen zu halten und den Kreis zu einem echten Kreis zu machen. Nach einem Lied löste der Kreis sich auf.

Zum Rahmen gehört, den Rahmen ausreichend zu würdigen und so organisatorisch, aber auch symbolisch die Heiligkeit des Prozesses zu kennzeichnen und den Übergang von der Alltagswelt zu ermöglichen.

Das kann bedeuten ...

... den zeitlichen Rahmen anzukündigen.

... alles zu klären, was die Menschen im Kreis brauchen, um ganz präsent sein zu können.

... eine Absicht oder ein Anliegen für den Kreis aussprechen.

... einen Moment der Stille zu halten.

... zu einer zentrierenden Übung einzuladen.

... ein Lied zu singen.

... eine Kerze mit Widmung zu entzünden.

... ein Gebet oder die Bitte um Segen zu sprechen.

... eine Blume niederzulegen.

Ebenso kann zum Abschluss wieder ein Lied gesungen, eine Stille gehalten oder die Kerze gelöscht werden. Unter Umständen ist es wichtig, dass die Moderation zum Abschluss auch im Kreis ermittelt, was es braucht, um auseinandergehen zu können. Braucht es noch eine inhaltliche Zusammenfassung und Standortbestimmung und damit eine Anerkennung, wo der Kreis jetzt ist (und wo – noch – nicht)? Braucht es Raum für Dank, der ausgesprochen werden möchte? Gibt es noch Themen, die in der Luft hängen oder unvollständig geblieben sind?

Umgang mit Störungen

Der Begriff »Störung« impliziert die Vorstellung von einem Zustand oder Ablauf, der durch bestimmte Umstände oder Verhaltensweisen Einzelner durchkreuzt wird.

Am Umgang mit solchen »Störungen« zeigt sich die Art eines Kreises. Der Weg des Kreises in der WILDEN KIRCHE kann nicht an »Störungen« vorbei-, sondern nur durch sie hindurchführen.

Eine Störung kann ganz einfach bedeuten, dass jemand im Kreis aufhört, von Herzen zu sprechen, und zum Beispiel damit beginnt, anderen im Kreis Ratschläge zu erteilen. Meist genügt eine dezente Erinnerung an die Richtlinien des Kreises.

Die Aufgabe der Feuerhüterinnen und Feuerhüter ist es, an dieser Stelle wachsam zu sein und auch »das Feld zu lesen«. Dieses Feld ist das Zusammenspiel aller Beteiligten und umfasst mehr als die Worte. Wenn zum Beispiel bei einem Wortbeitrag irgendwo im Kreis mehrere damit beginnen, nervös hin- und herzurutschen, dann ist das Ausdruck einer Bewegung im Feld.

Größere »Störungen« können auftreten, wenn Emotionen plötzlich aufbrechen und unterdrückte Gefühle oder Anliegen sichtbar werden lassen. Die erste instinktive Reaktion ist oft die Leugnung: Das passiert jetzt nicht wirklich. Aufgabe der Moderation ist es, den Kreis in den Prozess zu führen – und nicht an ihm vorbei. Das bedeutet, die Umstände anzunehmen und nach der Chance zu fragen, die in dem vermeintlichen Chaos liegt, das eine Störung auf den ersten Blick hervorruft.

Kreis-Formate

Es gibt zahlreiche Kreis-Formate. Die hier genannten bilden eine gute Basis für Zusammenkünfte der WILDEN KIRCHE:

Der Basis-Kreis

Der Redegegenstand geht im Kreis herum. Diese Form garantiert, dass alle gehört werden. Das bedeutet, dass alle etwas sagen können, aber nicht müssen. Diese Form eignet sich gut, um einen Gruppenprozess zu beginnen und zu beenden und die Gruppenseele sprechen zu lassen. Es kann ein Anliegen als Fokus formuliert werden. Ein Basis-Kreis kann aber auch völlig offen sein. Diese Form stärkt die Gruppenseele, braucht aber unter Umständen viel Zeit.

Das Netz

Der Redegegenstand liegt in der Mitte. Wer reden möchte, holt den Gegenstand aus der Mitte zu sich und legt ihn anschließend wieder dorthin zurück. Diese Form eignet sich gut, um Themen zu erforschen, Bilder und Vorstellungen miteinander zu verweben, eine Gruppengeschichte zu entwickeln und tiefer in spezielle Themen einzutauchen.

Das Netz kann allerdings Unruhe in den Kreis bringen und dazu führen, dass der Kreis in die Diskussion abgleitet, weil der Fokus nicht mehr in der Mitte liegt, sondern bei einzelnen Gesprächsbeiträgen. Daher ist es hilfreich, den Redegegenstand immer wieder in die Mitte zu legen.

Das Popcorn

Alle sind eingeladen, mit einem kurzen Beitrag von nur wenigen Worten zu einem vorgegebenen Thema zu sprechen. Der Redegegenstand bleibt in der Hand dessen, der die Einladung dazu ausgesprochen hat.

Diese Technik eignet sich gut, um Zeugenkommentare abzuholen, für ein kurzes Blitzlicht zu Beginn oder Ende einer Runde, zum Einsammeln von Perlen. Es ist auch eine gute Möglichkeit, Würdigung und Dank auszusprechen.

Die Fish-Bowl

Die Fish-Bowl ist ein Kreis im Kreis. Zwei bis sechs ausgewählte Personen (zum Beispiel Betroffene oder Expertinnen) sitzen innen und lassen den Redegegenstand herumgehen wie in einem Basis-Kreis oder im Netz. Die im Außenkreis Sitzenden sprechen nicht, sondern gehen in die Rolle von Zeugen und Zeuginnen. Am Ende kann der Außenkreis Zeugenkommentare geben. Die Fish-Bowl eignet sich gut für »heiße Eisen«.

Die Dyade

Der Kreis teilt sich auf. Immer zwei gehen zusammen in eine Dyade. Es gibt nur eine Frage. Zum Beispiel: Wofür bist du dankbar? Die Partner einigen sich, wer in der ersten Runde die Frage stellt und wer antwortet. Die Moderation sagt die Zeit an und dann stellt fünf bis zehn Minuten lang Person A die Frage: »Wofür bist du dankbar?« Person B antwortet. Wenn Person B fertig ist und eine Pause entsteht, stellt Person A wieder die Frage: »Wofür bist du dankbar?« Die Aufgabe von Person A ist nur, diese Frage zu stellen und von Herzen zuzuhören. Kein Kommentar.

Keine Diskussion. Wenn die Zeit um ist, gibt die Moderation ein Zeichen und die Partner tauschen. Dann stellt Person B die Frage und A antwortet. Das kann mehrere Runden so gehen, auch gern zur gleichen Frage. Das Ziel ist, tief zu schürfen und in Bereiche vorzudringen, in denen die üblichen Konzepte enden. Im Anschluss an die Dyade können Perlen im großen Kreis geteilt werden. Fragen für die Dyade können sein: Wie geht es dir wirklich? An welcher Schwelle stehst du? Was ist deine größte Angst? Und so weiter.

Dyaden eignen sich sehr gut, um in großen Kreisen in die Tiefe zu gehen. Es entsteht schnell ein dichtes, vertrauensvolles Feld. Dyaden ermöglichen als Einstieg auch, das natürliche Mitteilungsbedürfnis in großen Kreisen zu befriedigen und sozusagen die erste Schicht abzuschöpfen, um dann im großen Kreis weiter in die Tiefe zu gehen. Es braucht allerdings ein großes Vertrauen unter den Teilnehmenden. Sie sollten sich vorher kennen oder zumindest in einer der Frage angemessenen Verbindung stehen.

Themen im Kreis

Der Weg des Kreises ist kein Weg für Debatten und Diskussionen (wer hat Recht?), Vorträge, Frage-Antwort-Runden mit Experten zu einem Thema oder andere Formen der Zusammenkunft. All das braucht keinen Kreis.

Der Weg des Kreises ist ein Weg zur Erforschung von Themen in Gruppen, wenn es darum geht, gemeinsame Visionen zu entwerfen, einen Konsens zu finden, Ideen zu einem Thema zu sammeln, überhaupt Lebenspartner, Familien, Gruppen zusammen-

Den Weg des Kreises gehen

zubringen und eine Vertrauensebene herzustellen. Der Weg des Kreises kann Unterschiede und Vielfalt integrieren. So kann der Weg des Kreises den Geist einer Gruppe oder eines Teams stärken und auch schwierige Themen aufdecken, die im Untergrund liegen. Auf dem Weg des Kreises können Entscheidungen erarbeitet und bestätigt werden. Der Weg des Kreises führt immer in die Mitte zurück, wenn alles auseinanderzufallen droht.

Die erste Bibel lesen

Alles ist Natur. Alles, was du dir vorstellen kannst, ist Natur. Wenn die Natur die »erste Bibel« ist (→ Reflexion Kap. 12), dann lesen wir immer in diesem »kostbaren Buch«, sobald wir den Weg des Kreises einschlagen und teilen, was uns bewegt und berührt.

In diesem Abschnitt geht es um ein besonderes Ritual: den Schwellengang, bei dem wir absichtsvoll auf kontemplative Weise in die mehr-als-menschliche Welt gehen, um im Spiegel der äußeren Natur unsere innere Natur zu betrachten, unser wahres Selbst. In der christlichen Tradition hat dieses Selbst einen Namen: Christus (→ Reflexion Kap. 05, 27).

So eine Auszeit muss nicht lange dauern. Sie kann Bestandteil eines Treffens sein als kleine Auszeit in der Natur. Nach einer Einstimmung geht dann jeder und jede zum Schwellengang hinaus. Im Anschluss werden die Erfahrungen im Kreis geteilt.

Einen Schwellengang unternehmen

Wenn du auf kontemplative Weise in die Natur gehst, gibt es keine Unterscheidung mehr zwischen heilig und profan. Alles ist profan und heilig zugleich. De facto ist das immer die Wirklichkeit. Wir nehmen es nur nicht immer wahr. Ein Schwellengang dient dazu, diese Wirklichkeit für dich wahrnehmbar zu machen.

Wir überschreiten ständig Schwellen in bestimmte Räume, die einer bestimmten Tätigkeit oder Qualität gewidmet sind. In der Küche tun wir andere Dinge als im Wohnzimmer. Im Schlafzimmer andere als im Keller. Und so markiert die Schwelle im Schwellengang den Eintritt in die heilige Wirklichkeit. Heilig meint dabei nicht irgendwie besonders, sondern im ursprünglichen Wortsinn (heilig – holy – whole – ganz, heil), dass du jenseits der Schwelle einen Raum betrittst, in dem du die Wirklichkeit in ihrer Ganzheit ungetrennt wahrnehmen kannst.

Im Grunde überschreiten wir jeden Abend eine ähnliche Schwelle, wenn wir schlafen gehen. Dann betreten wir das Reich der Träume. Bilder steigen in unserer Seele auf und kommen uns zu Bewusstsein. Wenn wir aufwachen, erinnern wir uns an bestimmte Details. Ähnlich ist es bei einem Schwellengang: Alle Plätze, Begegnungen und Bewegungen – innere wie äußere – und alle Situationen können für dich bedeutsam sein. Ob sie eine Bedeutung haben und welche, das wird dir manchmal sofort klar und manchmal erst viel später, wenn du dich erinnerst.

Ein Ritual hat einen klaren Beginn und einen klaren Abschluss; in diesem Fall ist das die Schwelle. Definiere einen zeitlichen und räumlichen Rahmen für deinen Gang in die Natur: Wann gehst du hinaus? Wo gehst du hin? Du kannst sofort mit der Schwelle beginnen oder erst ein Stück Weg gehen, bis du einen geeigneten Ort findest. Du kannst eine Schwelle aus Naturmaterialien legen oder eine natürliche Schwelle wählen, die sich zum Beispiel an einem Weg, zwischen zwei Bäumen oder anderswo für dich anbietet.

An der Schwelle hältst du kurz inne und rufst dir die Frage bzw. das Anliegen noch einmal in Erinnerungen, für das du unterwegs bist. An der Schwelle kannst du um Segen und Unterstützung beten. Du kannst auch jene begrüßen und um Begleitung bitten, deren »Wohnzimmer« du jetzt betreten wirst, denn du kannst davon ausgehen, dass du nicht allein sein wirst.

Die Schwelle zu überschreiten ist vergleichbar mit einem Sprung in den Brunnen. Im Märchen betreten die Heldinnen auf diese Weise das Reich der Holle. Lass dich ziehen und lass dich ein auf das, was dir begegnet. Mit den Bildern des Märchens gesprochen: Welche Äpfel wollen geerntet werden? Welches Brot will aus dem Ofen gezogen werden?

Das bedeutet nicht, dass es in der Schwellenzeit irgendetwas zu tun gäbe. Auch im Märchen von der Holle geht es letztlich nicht um Fleiß, sondern um die Bereitschaft, sich wirklich einzulassen auf das, was begegnet. Einen Schwellengang kannst du nicht als Zuschauer absolvieren mit einem bestimmten »um zu« im Sinn, um ein Problem zu lösen, um irgendeine Antwort zu bekommen. Es macht zum Beispiel keinen Sinn, eine Antwort auf Fragen zu erwarten wie: Soll ich mich trennen? Soll ich meinen Job kündigen? Du kannst kein Ja oder Nein erwarten, sondern eher eine Idee, einen Geschmack davon, was du brauchen könntest, um diese Fragen zu beantworten.

Zum Schwellengang gehören einige Richtlinien: Geh allein (nicht mit anderen Menschen oder Tieren, auch nicht mit deinem Hund), habe kein Dach über dem Kopf, faste während der Zeit (nicht essen, nur trinken) und komm heil zurück.

So wie du nur allein träumen kannst, ist auch ein Schwellengang nicht zu zweit möglich. Wenn du Angst davor hast, dann ist das vielleicht schon ein Thema, das sich für dich zeigt. Was wäre, wenn du nicht weit gehst? Du musst nicht fünf Kilometer in den tiefsten Urwald vordringen, um über die Schwelle gehen zu können.

»Allein« bedeutet auch, dass du dich nicht ablenken lässt. Genauer gesagt: nicht ablenken lassen musst. Das entspricht der Aufforderung Jesu bei der Aussendung der Jünger, unterwegs niemanden zu grüßen. Das ist keine Aufforderung, unhöflich zu sein. Es ist die Erlaubnis, die Konventionen hinter sich zu lassen. Du hast die Erlaubnis, auf Smalltalk zu verzichten. Wenn du jemandem begegnest in deiner Auszeit, darfst du dich bedanken und weiterziehen.

Einige Stunden nicht zu essen, erscheint einfach. Bei einer Auszeit, die einige Tage dauert, wird das schon herausfordernder. Es handelt sich hier allerdings nicht um eine Askeseübung, sondern um ein rituelles Fasten, das Raum schafft für Erfahrungen und Einsichten. Wenn du zum Beispiel in der Auszeit auf ein Café stößt und ein großes Stück Torte verspeist, hättest du gleich zwei Tabus gebrochen: ein Dach über dem Kopf und Essen. Na und? Die Frage ist nicht, ob du alles richtig gemacht hast. Die Frage ist, warum es wichtig war für dich, jetzt einzukehren und Torte zu essen. Die Antwort kannst du nur selbst finden. Bist du jemand, der auch sonst an keiner Versuchung vorbeigehen kann, ist die Bedeutung eine andere, als wenn du jemand bist, der sich noch nie in seinem Leben erlaubt hat, den eigenen Bedürfnissen zu folgen ohne Rücksicht auf Verbote. Die Tabus sind also kein Selbstzweck, sondern sie schärfen den Blick in den Spiegel der Natur.

Wenn die Zeit um ist, kehrst du wieder über eine Schwelle zurück. Und bis zu dieser Rückkehr lautet die Empfehlung, nicht zu schreiben und auch nicht zu fotografieren. Beides führt in der Regel dazu, dass du in einer Zuschauerrolle bleibst.

In den Spiegel der Natur schauen

So wie du heute da bist, bist du ein individueller Ausdruck der Natur. Du erlebst dich selbst als einzigartigen Ausdruck dieses Lebens: Wie der Wind deine Haut berührt, wie deine Ohren den Gesang der Vögel hören, wie du eine Blume wahrnimmst – das alles ist einzigartig, niemand erlebt es so wie du jetzt. Der Lebensatem, der in dir wirkt, ist der Atem, den du mit allen Lebewesen teilst. Es ist der Atem der Mutter Erde. Menschen haben diesem Lebensatem viele Namen gegeben: Großer Geist, Spirit, Gott, Christus, Leben schlechthin, Liebe.

Die Vorstellung, wir könnten den Kosmos verlassen und von außen wahrnehmen, ist eine Illusion. Wir sind immer im Kosmos. Dinge von außen zu betrachten funktioniert nur und ist nur hilfreich, wenn wir zum Beispiel Feuerholz sammeln oder ein Haus bauen wollen. Dann beurteilen wir Bäume und Holz unter diesem Gesichtspunkt. Tatsächlich bewegen wir uns während eines Schwellengangs in einer Wirklichkeit, die sonst von unserem Alltagsbewusstsein ausgeblendet wird. Diese Wirklichkeit lässt sich niemals von außen betrachten, genauso wenig wie wir Gott von außen betrachten können. Die »erste Bibel«, die Natur, lässt sich in diesem Sinne also nur von innen betrachten. Der Franziskanertheologe Bonaventura formulierte das im 13. Jahrhundert so: »Wir nehmen diese ganze sichtbare Welt gleichsam als Spiegel für uns, durch den wir hinübergehen zu Gott, dem höchsten Baumeister.«

Du bist ein Ausdruck dieser Schöpfung mit deiner eigenen Schönheit und mit deinen eigenen Gaben. Du bist gesegnet, und das bedeutet, dass du in deiner innersten Essenz gut bist. So wie es im ersten Schöpfungsbericht gleich mehrfach betont wird: »Es war sehr gut« (Gen 1,10.12.18.21.25.28).

Das bedeutet nicht, dass du schon »fertig« bist. Du schreibst deine Geschichte. Dinge widerfahren dir. Bestimmte Qualitäten prägen dich. Du entwickelst eine Vorstellung von der Welt und von dir selbst. Und so ist schließlich beides da: Das, was du ursprünglich bist, dein wahres Selbst, und die Persönlichkeit, die du der Welt jetzt zeigst: dein Ich (Ego).

Der Blick in den Spiegel der Natur zeigt dir immer dein ursprüngliches Sosein und erinnert dich an dein tiefes und umfassendes Selbst.

Da wir nur von innen schauen können, ist die äußere Landschaft immer auch ein Spiegel für unsere innere Seelenlandschaft. Du kannst das selbst einmal für dich prüfen. Welches Naturgeräusch kannst du jetzt gerade hören? Beschreibe es mit deinen Worten. Zum Beispiel so: »Ich höre das aufgeregte Lachen der Möwe.« Eine andere Person wird dieses Lachen vielleicht als »gemein« wahrnehmen. Eine andere wieder als »fröhlich«. Alle diese Zuschreibungen sind subjektiv und haben weniger mit dem äußeren Lachen der Möwe zu tun als vielmehr mit der Wahrnehmung der Person, deren innere Wirklichkeit sich im Lachen der Möwe spiegelt. Und das Lachen ist ja auch eine Zuschreibung, mit dem wir das Geräusch beschreiben, das die Möwe von sich gibt. Am Ende aller Zuschreibungen steht das Staunen, dass da etwas ist und nicht etwa nichts.

In den Spiegel der Natur zu schauen, bedeutet also zuerst einmal, einfach zu erleben, was ist, ohne es zu beurteilen oder zu bewerten. Das Ritual des Schwellengangs hilft dir dabei. Und es begrenzt zugleich auch diese Erfahrung. So ist es selbstverständlich, dass auch in deiner Auszeit vernünftige Grenzen gelten. Es wird kein Feuer im Wald gemacht. Es werden keine Bäume gefällt. Und du springst auch nicht in einen Abgrund, um zu prüfen, ob dich vielleicht doch die Engel Gottes tragen.

An dieser Stelle wird deutlich, dass unser Ego, unser Alltagsbewusstsein, nichts ist, was wir loswerden wollen, sondern ein wichtiger Teil unseres Selbst, der uns zum Leben hilft. Deshalb spreche ich auch lieber von Alltagsbewusstsein als von Ego. Und wohlgemerkt: Es ist ein wichtiger Teil unseres Daseins. Der Schwellengang ermöglicht, auch den anderen Qualitäten Raum zu geben: dem Körper, der Psyche und der Spiritualität.

Die Erfahrungen im Kreis teilen

Nach dem Schwellengang kannst du deine Erfahrung in ein Tagebuch notieren, so wie du morgens nach dem Aufstehen die Erinnerung an einen Traum notierst. Die Erinnerung ist nicht dein Traum, sondern schon eine Reflexion – eine Spiegelung.

Ähnlich wie bei Träumen gilt auch bei einem Schwellengang, dass alles, was du erfahren hast, subjektiv ist. Es gibt keinen allgemeinen Schlüssel, mit dem du deine Erfahrungen vollständig »entschlüsseln« könntest.

Die Bilder eines Traumes sind auch keine objektiven Aussagen über irgendetwas oder irgendjemand, sondern ihre Bedeutung liegt in dir. Wenn du zum Beispiel von anderen Menschen geträumt hast, die du vielleicht sogar kennst, dann verrät dein Traum dir keine Tatsachen über sie, sondern diese Menschen symbolisieren in deinem Traum dich selbst und bestimmte Qualitäten, die dich ausmachen und die du vielleicht mit diesen Menschen verbindest.

Ebenso sind die Erfahrungen, Situationen und Begegnungen, die du aus deiner Auszeit in der Natur erinnerst, subjektiv. Wenn du in der Natur einem Lebewesen begegnest oder an einen bestimmten Platz kommst, dann ist die wichtigste Frage, was das für dich persönlich bedeutet. Wie hat ein Platz auf dich gewirkt? Hat er dich angezogen – und wenn ja, warum? Welches Gefühl war mit dem Platz verbunden? Woran hat der Platz dich vielleicht erinnert? Wenn dir ein Lebewesen begegnet ist, wie hat das Lebewesen auf dich gewirkt? Wie hast du reagiert? Warst du erstaunt oder fasziniert? Hast du dich erschreckt? Hattest du Angst und wie bist du mit dieser Angst umgegangen? Wie hat sie sich vielleicht gewandelt? Was verbindest du mit dem Tier oder der Pflanze?

Solche Fragen sind der Ausgangspunkt deiner Betrachtung. Von diesem Punkt aus kannst du dann prüfen, was du von Lebewesen weißt. Wie ist ihre Biologie, wie leben sie, was charakterisiert sie? Welche Bedeutung haben Lebewesen in der Mythologie und den Märchen, in denen unser kollektives Unterbewusstes (C. G. Jung) zum Ausdruck kommt?

Ein Baum zum Beispiel ist ein Symbol für unser Menschsein. Wir sind verwurzelt in der Erde und strecken uns aus zum Himmel. Der erste Psalm ist ein Zeugnis dafür: Der Mensch ist wie ein Baum, an Wasserbächen gepflanzt. Der Baum ist zugleich ein Symbol für den ganzen Kosmos. Die Idee eines »Weltenbaums« findet sich jedenfalls in vielen Kulturen, zum Beispiel in der germanischen Mythologie die Weltesche Yggdrasil. Wo und wie korrespondiert dieses Wissen, das du eventuell hast, mit deiner Erfahrung? Hat ein Baum dich besonders angesprochen, seine

Größe und Standfestigkeit, seine majestätische Krone? Was wäre, wenn der Baum ein Spiegel für dich selbst gewesen ist? Wo und wie findest du diese Qualitäten in deinem Leben? Inwieweit war der Platz mit dem Baum ein Spiegel für deine Seele (→ Reflexion Kap. 11)?

Schließlich ist die Frage, wie diese Erfahrung deinen persönlichen Mythos zum Ausdruck bringt, jene Geschichte, die du aktuell schreibst. An welcher Schwelle in deinem Leben stehst du? Was fordert dich aktuell heraus?

Nehmen wir an, eine Person steht kurz vor der Rente und ist noch nicht sicher, wo künftig ihr Platz sein kann. Was ist jetzt (noch) ihr Beitrag? Was kann sie »leisten«? Die Begegnung mit einem alten Baum, der ihr majestätisch erscheint, könnte für sie bedeuten, den Übergang, der jetzt vor ihr liegt, nicht nur als Ende zu betrachten, sondern als Vollendung. Denn ein großer alter Baum hilft anderen beim Leben: Er bietet Lebensraum für unzählige Arten und speichert Feuchtigkeit, die die kleinen Bäume zum Leben brauchen.

Mit einer solchen Erfahrung auf den Weg des Kreises zu gehen und die eigenen Erlebnisse und Erkenntnisse mit anderen zu teilen, knüpft an die uralte Tradition des Geschichtenerzählens an. Der Kreis als Council (was, wörtlich übersetzt, »zu Rate sitzen« heißt) ist aber immer ein Raum des Nichtwissens. Das bedeutet, ich gehe nicht mit einer fertigen Interpretation und Deutung meiner Erfahrungen in den Kreis. Ich lese sie nicht ab aus meinem Tagebuch und ich gehe auch nicht mit dem Ziel in den Kreis, meine Erfahrungen irgendwie objektiv festzuschreiben. Ich begebe mich ganz bewusst in den Raum des Nichtwissens, und das bedeutet, ich öffne mich für das, was sich zeigen will. Ich gehe mit all meinen Erinnerungen und greife in dem Zeitfenster, das mir im Kreis zur Verfügung steht, intuitiv nach dem, was mir jetzt im Augenblick wichtig erscheint. Auf diese Weise entwickelt sich die Geschichte erst beim Sprechen, und erst im Erzählen bekommen manche Bilder und Erfahrungen einen Sinn. Sinn zeigt sich. Und vielleicht zeigt sich auch Ratlosigkeit über das, was ich erfahren habe. Was ich erlebt habe, ist immer perfekt – genau wie auch ein Traum immer perfekt ist. Den Bildern und Symbolen ist nichts hinzuzufügen, sondern ich kann sie als Geschenk annehmen.

Geschichten im Kreis spiegeln

Wenn Älteste im Kreis sind, können sie die Geschichte, die jemand im Kreis geteilt hat, spiegeln. Ein solcher Spiegel ist ebenso subjektiv wie die Geschichte, aber Älteste hören überdies mit Ältesten-Ohren. Sie korrigieren nichts und wollen auch nicht helfen, sondern sie betrachten das Erzählte in einem größeren Kontext. Deshalb erfolgt ein solcher Spiegel auch in der dritten Person: »Ich habe die Geschichte eines Mannes gehört, der ...« »Ich habe die Geschichte einer Frau gehört, die ...«

Ein solcher Spiegel fragt nach dem, was in der Geschichte »Medizin« ist. In der christlichen Tradition würden wir es vielleicht »Segen« nennen. Und dieser Segen dient nicht nur dem Einzelnen, der erzählt, sondern der ganzen Gemeinschaft. Dieser Segen verbindet die individuelle Geschichte mit dem großen Mythos der Menschheit, der sich durch die unzähligen einzelnen Geschichten nährt und weitergesponnen wird. Das Spiegeln kann eine Geschichte auf diese Weise öffnen und weiten und in einer Art Hebammen-Arbeit in diesem weiten Horizont »zur Welt bringen«.

Das Spiegeln ist ein sehr machtvolles Tun, denn es berührt das tiefe Bedürfnis, das alle Menschen in sich tragen, nämlich gesehen und verstanden zu werden. Es ist die gleiche Art Gesehenwerden, die ein Säugling erfährt, wenn die Mutter ihn anschaut. In dieser Konstellation sind Menschen besonders verletzlich, und deshalb kommt den Ältesten, die spiegeln, eine besondere Verantwortung zu. Das heißt nicht, dass ein Spiegel nicht auch unangenehme Aspekte vom Schatten ans Licht holen kann. Gerade dafür aber braucht es ein besonderes Augenmerk auf den Rahmen und die Beziehung, in der Spiegelnde und Gespiegelte stehen.

Ein Spiegel muss nicht mit Worten erfolgen. Es kann auch ein Gedicht, ein Lied oder eine Bewegung sein. Letztlich geht es um nichts anderes als den Ausdruck der Tatsache: Ich habe dich gehört.

Das Spiegeln braucht Erfahrung und Übung. Wenn keine Ältesten da sind, die spiegeln können, würde ich empfehlen, Geschichten in einem Kreis zunächst immer einfach stehen zu lassen. Das aufmerksame, mitfühlende Hören ist, wenn man so will, der erste und wichtigste Spiegel, den eine Geschichte im Kreis bekommen kann.

Vertraute und von erfahrenen Feuerhütern und Feuerhüterinnen begleitete Kreise können auch in einem kurzen Popcorn kleine Mini-Spiegel sammeln. Auch dieser Spiegel erfolgt in der dritten Person. Zum Beispiel: »Ich habe gehört, dass die Frau in die Krone des Weltenbaumes geschaut hat.« Oder: »Ich habe die Geschichte eines Mannes gehört, der in einem alten Baum sich selbst als Ältesten gesehen hat.«

Die zweite Bibel lesen

Die »zweite Bibel« sind die zu Geschichten geronnenen Erfahrungen derer, die uns vorausgegangen sind. In der jüdisch-christlichen Überlieferung ist das die Heilige Schrift, die ja eine ganze Bibliothek aus 73 bzw. 66 Büchern darstellt (je nach Tradition werden mehr oder weniger Bücher zum Kanon gezählt).
Natürlich gibt es noch mehr Geschichten als »die Bibel«. Es können auch Märchen und Mythen für diese Praxis, die ich dir jetzt vorstellen möchte, herangezogen werden.

Das Bibelcouncil, wie wir dieses Lesen in der zweiten Bibel bei barfuß & wild nennen, ist letztlich eine besondere Form des Kreises. Es ist verwandt mit bestimmten Formen des Bibliologs und des Bibliodramas.

Die Wahrheit zwischen den Zeilen

In den 70er- und 80er-Jahren des vergangenen Jahrhunderts machte der Begriff Bibelteilen die Runde in christlichen Kreisen. Der Begriff kam aus Lateinamerika. Kleine Basisgemeinden hatten damit begonnen, die Bibel radikal persönlich zu nehmen, und so entstand ein völlig neuer Blick auf Texte, die bis dahin zuweilen als sperrig und unzugänglich erschienen waren.

Da ist zum Beispiel das berühmte Gleichnis, in dem ein König seinen Dienern Geld gibt, damit sie damit wirtschaften. Der Erfolgreichste bekommt als Belohnung noch mehr Geld. Der Diener aber, der die Mitarbeit verweigert und dem König Ungerechtigkeit vorwirft, wird enteignet. Die Moral von der Geschichte kennen alle, weil sie sprichwörtlich geworden ist: »Wer hat, dem wird gegeben. Wer nicht hat, dem wird auch noch genommen, was er hat« (Lk 19,26). Statt das als »Aufforderung zum Gehorsam« und zum »verantwortlichen Umgang mit den anvertrauten Gaben« zu interpretieren, hieß es aus der Sicht der lateinamerikanischen Basisgemeinden: Das ist Kapitalismus und genau das erleben und erleiden wir.

Ich habe dieses Bibelteilen niemals selbst erlebt, denn in allen Veranstaltungen, die ich besucht habe, in denen angeblich die Geschichten nach Art der Basisgemeinden »geteilt« werden sollten, wurde nur über die Texte gesprochen. In den besonders verunglückten Fällen bestand das sogenannte Bibelteilen darin, dass irgendein Experte einen langen Vortrag über die historischen und literaturwissenschaftlichen Rahmenbedingungen hielt, in denen der Text entstanden war. Das war für sich genommen alles sehr interessant. Nur war es eben kein Bibelteilen.

In den 90er-Jahren habe ich dann das Bibliodrama kennengelernt und zum ersten Mal erlebt, wie die Texte für mich lebendig wurden. Das Bibliodrama, von dem ich spreche, hat nichts damit zu tun, die Geschichten wie ein Theaterstück aufzuführen. Sie werden vielmehr aufgestellt, ähnlich wie im Psychodrama. Alle Beteiligten schlüpfen dabei in eine Rolle in einer vorher definierten Situation innerhalb eines Textabschnitts und schauen auf diese Weise praktisch »von innen« auf das Geschehen – nicht als Zuschauer, sondern als Beteiligte – mit der Freiheit, über das hinauszugehen, was der Text erzählt.

In einer jüdischen Tradition heißt es, dass wir dann nicht mehr das Schwarz der Buchstaben – das »schwarze Feuer« – lesen, sondern das »weiße Feuer«. Sprich: Wir lesen einen Text auf diese Weise zwischen den Zeilen.

Das ist für sehr orthodoxe Christen wahrscheinlich ein Graus, denn es kann passieren, dass Dinge sichtbar werden, die sie lieber nicht sehen wollen, weil sie einfach nicht in ihr Weltbild passen. Da ist Jesus dann vielleicht verliebt oder jemand ist wütend auf Jesus oder sogar auf Gott. Oder Gott ist ratlos und weiß nicht mehr weiter.

Zwischen den Zeilen stehen Dinge, die nicht unbedingt zu den tradierten Dogmen und Glaubensvorstellungen passen. Das ist jedoch gerade das Spannende daran, denn an diesen Stellen wird die Geschichte zu einem Spiegel für mich und für uns und plötzlich haben diese alten Geschichten etwas mit mir zu tun.

Das Bibelcouncil knüpft an das Bibliodrama an und findet im gleichen Setting statt, aber ohne die räumliche Komponente der Aufstellung. Wir schlüpfen in verschiedene Rollen und forschen im Text bzw. eben zwischen den Zeilen.

Beispiel:
Geschichte einer Dämonenaustreibung

Ich zeige dir am Beispiel der Heilung des Besessenen von Gerasa (Mk 5,1–20), wie ein solches Bibelcouncil funktioniert. Es ist die Geschichte eines Exorzismus, und zu dem Wenigen, das wir über Jesus ganz sicher wissen, gehört: Er war als Heiler tätig und hat Dämonen ausgetrieben. Diese Vorstellung von Dämonen und Geistern, die unser Inneres bewohnen wie Untermieter, war in der Antike verbreitet.

Die »bösen« Untermieter, die wie Hausbesetzer das ganze Haus in Besitz nehmen, führen zu dem, was in unserer Geschichte heute »Besessenheit« genannt wird. Wenn wir jetzt in den Text hineingehen, nehmen wir an, dass es mit den Geistern und Dämonen in dieser Geschichte ähnlich ist wie mit inneren Stimmen. Wenn wir uns zu sehr mit einer oder mehreren dieser inneren Stimmen identifizieren, können sie uns in Besitz nehmen. Und so erzählt es diese Geschichte von dem Besessenen. Das nur als Hintergrund – und es bietet sich in einem Bibelcouncil an, dass diejenigen, die als Feuerhüter und Feuerhüterinnen die Vorbereitung übernehmen, auf ähnliche Weise in die Geschichte einführen. Sie haben auch den Textabschnitt ausgewählt und so unterteilt und an einigen Stellen Fragen formuliert. Der Text, hier aus der Bibel in gerechter Sprache,[1] wird dann bis zur ersten Unterbrechung gelesen:

»Sie kamen an das gegenüberliegende Ufer des Sees Gennesaret in das Gebiet der Stadt Gerasa. Nachdem Jesus aus dem Schiff gestiegen war, kam ihm im selben Augenblick aus den Grabhöhlen ein Mensch entgegen, der einen unreinen Geist hatte. Der hauste in den Grabhöhlen und kein Mensch vermochte ihn zu binden – nicht einmal mit einer Kette. Denn schon oft war er an Händen und Füßen in Ketten gelegt worden, doch er hatte die eisernen Handfesseln auseinandergerissen und die Fußeisen zerrieben, und niemand war stark genug, ihn zu bändigen. Tag und Nacht war er in

---

1 Ulrike Bail / Frank Crüsemann / Marlene Crüsemann (Hrsg.), Bibel in gerechter Sprache © 2006 Gütersloher Verlagshaus, Gütersloh, in der Penguin Randomhouse Verlagsgruppe GmbH.

den Grabhöhlen und in den Bergen, schrie krächzend vor sich hin und schlug sich selbst mit Steinen. Als er Jesus von weitem sah, lief er los, warf sich vor ihm nieder und schrie mit lauter Stimme krächzend: ›Was habe ich mit dir zu tun, Jesus, du Kind Gottes, der Höchsten? Ich beschwöre dich bei Gott: Quäle mich nicht!‹ Jesus hatte ihm nämlich gesagt: ›Du unreiner Geist, gib diesen Menschen frei!‹«

Jetzt beginnt der Austausch, indem jeweils eine Rolle vorgegeben und eine Frage gestellt wird:

»Du bist Jesus: Wie lautet deine Diagnose? Was fällt dir auf an diesem Geist?«

Es bietet sich hier ein Popcorn an (siehe oben). Wer einen Impuls hat, schlüpft in die Rolle von Jesus und spricht auch in der Ich-Form als Jesus. Zum Beispiel: »Ich habe Mitleid mit diesem Mann. Obwohl er furchterregend ist. Aber dieses ›Quäle mich nicht‹ berührt mich irgendwie. Er kommt mir hilflos vor, obwohl er so aggressiv ist.«

Nach einer bestimmten Zeit – je nach Größe des Kreises empfiehlt es sich, den Rahmen zeitlich zu begrenzen – wird entweder der Text weitergelesen oder es kann auch die Rolle gewechselt und eine weitere Frage gestellt werden:

»Du bist der Geist: Was fürchtest du?«

Jetzt schlüpfen alle in die neue Rolle. Wieder haben alle im Popcorn die Möglichkeit, aus der Sicht der jeweiligen Rolle in der Ich-Form zu sprechen.

Die Moderation achtet darauf, dass der Kreis nicht in ein Sprechen über den Text oder über Figuren abgleitet. Es ist wichtig, immer wieder daran zu erinnern und auch darauf zu bestehen, dass in der Ich-Form gesprochen wird. Für Fragen oder Einsichten auf der Meta-Ebene ist später Raum.

Gegensätzliche oder widersprüchliche Beiträge können einfach nebeneinander stehen bleiben. Es gibt nichts zu diskutieren, denn das Ziel ist nicht, sich auf eine Interpretation des Textes zu einigen. Die Beiträge sind und bleiben subjektiv.

Der Text wird auf die gleiche Weise in mehrere Abschnitte unterteilt. Je nach Zeitrahmen ist es auch möglich, sich auf eine Situation zu beschränken und den Text vor und nach der Stelle, die in den Fokus genommen wird, zusammenzufassen.

In unserem Beispiel geht es so weiter:

»Jesus fragte den Geist weiter: ›Wie ist dein Name?‹ Der antwortete: ›Legion ist mein Name, denn wir sind viele.‹ Er bat Jesus eindringlich, er möge sie nicht aus der Gegend fortschicken. Dort am Berg weidete gerade eine große Schweineherde. Die Geister baten Jesus: ›Schick uns in die Schweine hinein, damit wir in sie hineinfahren.‹ Und er erlaubte es ihnen.«

Frage: »Du bist der Geist: Wie geht es dir mit dieser Lösung?«
Fortsetzung:

»Da fuhren die unreinen Geister aus und in die Schweine hinein. Die Herde stürmte los – den Steilhang herab in den See. Es waren ungefähr 2000 Schweine, und sie ertranken alle im See. Ihre Hirten und Hirtinnen flohen und verkündigten es in der Stadt und auf dem Land. Da kamen die Leute, um zu sehen, was geschehen war. Und sie kamen zu Jesus und sahen den Besessenen, der die ›Legion‹ in sich gehabt hatte, ruhig dasitzen – er war bekleidet und hatte alle seine Sinne beieinander. Da fürchteten sie sich.

Und die es gesehen hatten, berichteten ihnen, was mit dem Besessenen und den Schweinen geschehen war. Und sie fingen an, Jesus zu bitten, er möge doch aus ihrem Gebiet fortziehen. Als er ins Schiff stieg, bat ihn der ehemals Besessene, bei ihm bleiben zu dürfen. Doch Jesus erlaubte es ihm nicht, sondern sagte zu ihm: ›Geh nach Hause zu den Deinen und verkündige ihnen, was Gott dir Großes getan hat und wie sie sich deiner erbarmt hat.‹ Da ging er fort und begann in den zehn Städten, der Dekapolis, zu verkündigen, was Jesus ihm Großes getan hatte, und alle wunderten sich.«

Frage: »Du bist der geheilte Mensch: Betrachte noch einmal den Anfang der Geschichte und dein Leben in den Grabhöhlen. Wie fühlt sich dein Leben jetzt an, nach der Befreiung? Was hat sich für dich verändert?«

Am Ende sollte Gelegenheit sein, Erfahrungen und Erkenntnisse im Kreis auszutauschen. Zum Beispiel: »Für mich ist neu, dass nicht Jesus den bösen Geist in die Schweine jagt, schon gar nicht zur Strafe, sondern dass es der Geist selbst ist, der sich diesen Platz sucht und darum bittet, in die Schweine fahren zu dürfen. Das macht einen Unterschied. Mir gefällt die natürliche Autorität, mit der Jesus hier auftritt. Nicht als Richter oder Henker.«

Ich darf im Bibelcouncil die Geschichte wirklich »persönlich nehmen«. Dann sind alle handelnden Figuren – wie in einem Traum – ein Spiegel für mich. Und dann bin ich nicht mehr Zuschauer. Das Bibelcouncil schafft Raum für eine subjektive Erfahrung. Diese Innenperspektive ist nicht besser oder schlechter als die Außenperspektive mit ihren historischen, literaturwissenschaftlichen, theologischen oder psychologischen Fragen. Wichtig ist nur, die Perspektiven nicht zu vermischen. In der Innenperspektive kann ich persönliche Meinungen formulieren. Zum Beispiel, dass ich Mitgefühl mit den Schweinen habe und wütend bin auf Jesus, weil der die Schweine »benutzt« und zulässt, dass sie sterben.

Wenn ich aber sage, dass ich nicht verstehe, wieso hier Schweine sind, denn Juden essen doch überhaupt kein Schweinefleisch, wo sollen also die vielen Schweine hergekommen sein – dann bin ich in der Außenperspektive.

Wenn es den Vorbereitenden möglich ist, können sie solche äußeren Fragen in die Einleitung aufnehmen und den Text etwa historisch einordnen. Es ist manchmal auch hilfreich, den Fokus auf eine bestimmte Konstellation zu lenken, die im Text deutlich wird, die ich aber erst erkenne und verstehe, wenn ich bestimmte Informationen habe. In unserem Fall wäre es zum Beispiel möglich, vor oder nach dem Bibelcouncil – je nach Ausrichtung und Gruppe – darüber zu sprechen, dass der Autor, Markus, da vermutlich eine alte Geschichte nimmt, in der jemand geheilt wurde, in der aber ursprünglich gar keine Schweine vorkamen. Die Schweine wurden also absichtlich hineingedichtet. Der Name des Geistes, Legion, ist zugleich historisch die Bezeichnung einer römischen Militäreinheit, die aus mehreren Tausend Soldaten bestand. Und die Legion, die tatsächlich historisch zu der Zeit in Palästina stationiert war, war die Zehnte Legion, in deren Feldzeichen sich ein Eber findet. Vieles spricht also dafür, dass auf der äußeren, historischen Ebene Markus hier eine politische Note in die Geschichte hineinschreibt. Wir verstehen das erst, wenn wir wissen, was in der Zeit – im 1. Jahrhundert – los war. Höchstwahrscheinlich haben die Leute über diese Geschichte von Markus gelacht. Das war praktisch politisches Kabarett: Der böse Geist, der den Mann gefangen hält, symbolisiert die römische Legion, die im See Gennesaret ertrinkt.

Empfehlungen für Auswahl und Vorbereitung

Ein Bibelcouncil braucht in der Regel etwas Vorbereitung – und viele schrecken davor zurück, weil sie glauben, sie wüssten nicht genug über die Bibeltexte. Natürlich ist Wissen ein Vorteil, aber es ist keine Voraussetzung, wenn Innen- und Außenperspektive konsequent getrennt werden.

Es kann sein, dass ein Bibelcouncil Fragen aufwirft, die in eine tiefere Beschäftigung mit dem Text führen können; es braucht aber nicht schon die Antwort auf diese Fragen, um ins Bibelcouncil zu gehen.

Grundsätzlich eignen sich für ein Bibelcouncil szenische Texte mit handelnden Figuren in einer erkennbaren Situation oder sogar Herausforderung. Dann ist es leicht, in die Rollen zu schlüpfen.

Es empfiehlt sich, einen kurzen Abschnitt zu wählen mit einem klaren Fokus, also beispielsweise nicht die ganze Geschichte von der Arche, sondern nur eine einzelne Situation wie den Bau der Arche oder den Beginn der Flut.

Ein Bibelcouncil braucht Zeit. Für jede Einzelfrage können je nach Größe des Kreises ca. 10–15 Minuten gerechnet werden.

Nicht alle müssen zu jeder Frage sprechen. Für ein Council von einer Stunde inklusive Einleitung und Abschlussrunde genügen also vier Fragen.

Es kann interessant sein, die Rollen zu wechseln, aber es ist auch durchaus möglich, nur in einer einzigen Rolle durch einen Text zu gehen. Ein Wechsel ist nicht zwingend, sondern sollte für das Council sinnvoll sein und weiterführen.

Geübte Gruppen können auch in die Rolle von Gegenständen schlüpfen, die in einer Geschichte vorkommen. Dieser »Trick« kann auch helfen, nicht-narrative Texte der Bibel zu erschließen, zum Beispiel Psalmen, prophetische Rede oder Briefe.

Grundsätzlich braucht es immer eine Rolle; deshalb ist für den Zugang zu nicht-narrativen Texten oft eine ausführlichere Vorbereitung nötig – wie eine Darstellung des historischen Rahmens, in dem ein Text entstanden ist und eingeordnet werden kann. Aus diesem Rahmen werden dann Rollen für das Bibelcouncil angelegt. Zum Beispiel der Autor eines Textes, Vertreter beteiligter Gruppen im Hintergrund und so weiter.

Im Unterschied zum Bibliolog tritt die Leitung im Bibelcouncil eher in den Hintergrund und stellt zum Beispiel keine vertiefenden Fragen an Einzelne im Kreis.

Die Feuerhüter-Meditation

Über die Schwelle gehen
Gehe hinaus in die Natur und setze bewusst einen Anfang, indem du dir aus Naturmaterialien eine kleine Schwelle markierst (→ Kapitel Schwellengang). Halte an der Schwelle inne: Wem oder welchem Anliegen möchtest du dieses Gebet widmen?
Du kannst einen Platz suchen oder im Gehen meditieren.

Mit Bruder Sonne beten
Konzentriere dich auf den Bereich über deinem Kopf. Stell dir vor, dort strahlt ein helles weißgoldenes Licht. Genieße seine Wärme. (Sollte es einfach nicht strahlen wollen, habe Geduld und probier einmal, dabei zu lächeln.)

Mit Bruder Wind beten
Richte deine Aufmerksamkeit auf deine Gefühle: Wie ergeht es dir gerade? Was fühlst du? Lass alle Gefühle da sein, schaue ihnen zu wie ein Berg, der tief gegründet Bruder Wind beim Spiel folgt und jegliches Wetter annimmt.

Mit Schwester Wasser beten
Richte nun deine Aufmerksamkeit auf deinen Atem. Tauche ein in den Rhythmus des Ein- und Ausatmens. Der Atem ist wie das Wiegen und Wogen des Ozeans, lass dich führen von Schwester Wasser.

Mit Bruder Feuer beten
Gehe nun mit deiner Aufmerksamkeit in den Brustbereich. Spüre dein Herz schlagen. Stell dir vor, wie sich dein ganzer Herzbereich erwärmt von dem inneren Licht, das in deinem Herzen brennt. Genieße und bestaune die Kraft von Bruder Feuer, die in dir wohnt. Für wen brennt jetzt dein Herz? Schließe diese Menschen besonders in dein Gebet ein.

Mit Mutter Erde beten
Nun geh mit deiner Aufmerksamkeit in die Füße und spüre, wie sie den Boden berühren. Spüre deine Verbindung mit Mutter Erde, die dich trägt und hält.

Stille
Atme, gehe und genieße nun eine Weile deine Lebendigkeit mit allem, was dich jetzt ausmacht.

Das Gebet beenden
Zum Abschluss geh wieder an eine Schwelle (es muss nicht dieselbe sein). Sprich ein kurzes Gebet oder verweile noch einen Augenblick und bereite dich innerlich vor, wieder zurückzukehren zu den Aufgaben oder Tätigkeiten, die jetzt vor dir liegen.

Am Ende: Der Sonnengesang

Eigentlich wollte ich dieses Buch gern mit dem Sonnengesang beginnen. Das Lied, das Franz von Assisi kurz vor seinem Tod vollendet hat, ist nicht nur sein spirituelles Erbe in der Nussschale und – was viele nicht wissen – der Ausgangspunkt dessen, was wir heute italienische Literatur nennen. Der Sonnengesang ist auch ein Zeugnis der WILDEN KIRCHE und ihrer Schöpfungsspiritualität, die nicht nur weit zurückreicht in die Ursprünge der Menschheit, sondern die damals im 13. Jahrhundert, im Frühkapitalismus am Beginn der Neuzeit, in der franziskanischen Bewegung auf beeindruckende Weise sichtbar geworden ist. Man stelle sich vor, diese WILDE KIRCHE wäre nicht durch Inquisition, Kolonialisation und Sklaverei und später durch die Industrialisierung immer tiefer in den Untergrund gedrückt worden. Man stelle sich vor, sie wäre sichtbar geblieben und hätte unsere westliche Kultur geprägt. Wie sähe die Welt heute aus? Wie sähe unser Umgang mit »Schwester Mutter Erde« aus, die uns längst nicht mehr »erhält und lenkt«, wie Franziskus singt? Denn nicht Mutter Erde bestimmt unser Handeln, sondern andere Interessen. Wir verbrauchen zusammengenommen jedes Jahr fast zwei Erden und zerstören das, was uns hervorgebracht hat.

Das kann so nicht bleiben. Und das wird so nicht bleiben. Und deshalb endet dieses Buch jetzt mit dem Sonnengesang als Ausdruck von Hoffnung. 800 Jahre sind seit dem Sonnengesang vergangen und menschheitsgeschichtlich ist das ein Wimpernschlag. Ein entscheidender jedoch und hoffentlich nicht der letzte.

Der Weg führt niemals zurück in die Vergangenheit. Wir können nichts ungeschehen machen, wir müssen auch die Aufklärung nicht rückgängig machen oder den technischen Fortschritt aufhalten. Im Gegenteil. Technischer Fortschritt wird wahrscheinlich erheblich dazu beitragen, dass wir die ökologischen und sozialen Probleme, die unsere Kultur hervorgebracht hat, lösen können. Aber Technik allein wird nicht genügen. Es braucht auch Menschen, die jene kosmische Geschwisterlichkeit leben und erfahrbar machen, von der Franziskus singt. Ich würde sogar so weit gehen, zu sagen: Ohne WILDE KIRCHE wird es nicht gehen. Die Frage ist dabei nicht, ob es eine WILDE KIRCHE gibt, sondern die Frage ist, ob es Menschen gibt, die die »erste Bibel« lesen können, die den Weg des Kreises kennen und jenes Feuer zu hüten wissen, um das sich Jahrhunderttausende Menschen versammelt haben und das alle Kulturen und spirituellen Traditionen verbindet.

1 Höchster, allmächtiger, guter Herr,
dein sind das Lob, die Herrlichkeit und Ehre und jeglicher Segen.
Dir allein, Höchster, gebühren sie,
und kein Mensch ist würdig, dich zu nennen.

2 Gelobt seist du, mein Herr,
mit allen deinen Geschöpfen,
zumal dem Herrn Bruder Sonne,
welcher der Tag ist und durch den du uns leuchtest.
Und schön ist er und strahlend mit großem Glanz:
von dir, Höchster, ein Sinnbild.

3 Gelobt seist du, mein Herr,
durch Schwester Mond und die Sterne;

Der Sonnengesang

am Himmel hast du sie gebildet,
klar und kostbar und schön.

4 Gelobt seist du, mein Herr,
durch Bruder Wind und durch Luft und Wolken
und heiteres und jegliches Wetter,
durch das du deinen Geschöpfen Unterhalt gibst.

5 Gelobt seist du, mein Herr,
durch Schwester Wasser,
gar nützlich ist es und demütig und kostbar und keusch.

6 Gelobt seist du, mein Herr,
durch Bruder Feuer,
durch das du die Nacht erleuchtest;
und schön ist es und fröhlich und kraftvoll und stark.

7 Gelobt seist du, mein Herr,
durch unsere Schwester, Mutter Erde,
die uns erhält und lenkt
und vielfältige Früchte hervorbringt
und bunte Blumen und Kräuter.

8 Gelobt seist du, mein Herr,
durch jene, die verzeihen um deiner Liebe willen
und Krankheit ertragen und Drangsal.
Selig jene, die solches ertragen in Frieden,
denn von dir, Höchster, werden sie gekrönt.

9 Gelobt seist du, mein Herr,
durch unsere Schwester, den leiblichen Tod;
ihm kann kein Mensch lebend entrinnen.
Wehe jenen, die in tödlicher Sünde sterben.
Selig jene, die er findet in deinem heiligsten Willen,
denn der zweite Tod wird ihnen kein Leid antun.

10 Lobt und preist meinen Herrn
und dankt ihm und dient ihm mit großer Demut.[2]

---

2 Der Sonnengesang, aus: Dieter Berg / Leonhard Lehmann (Hrsg.), Franziskus-Quellen © 2009 Edition Coelde in der Butzon & Bercker GmbH, Kevelaer, S. 40f., www.bube.de

Wenn du Feuerhüter oder Feuerhüterin werden möchtest, schließe dich uns an. Mehr Informationen dazu findest du unter

https://wildekirche.online

Jan Frerichs OFS ist Gründer und Leiter der »Franziskanischen Lebensschule«. Als Theologe begleitet er Menschen in geistlichen Auszeiten und Übergangsriten. Er ist ausgebildet in der Tradition der »School of Lost Borders« und geprägt von franziskanischer Spiritualität (Richard Rohr: Mens' Rites of Passage). Nach fünf Jahren als Franziskanerbruder gehört er heute dem Dritten Orden der franziskanischen Familie an. Der frühere ZDF-Redakteur lebt mit seiner Frau und zwei Söhnen in Bingen am Rhein.

https://www.barfuss-und-wild.de/

Jan Frerichs

Barfuß & wild
Wege zur eigenen Spiritualität

2. Auflage
200 Seiten, Hardcover mit Leseband
ISBN 978-3-8436-1032-2

»Barfuß & wild« steht für eine Haltung, die offen ist für intensive Erfahrungen. Wer barfuß geht, bleibt nicht in der Rolle des Zuschauers, sondern lässt sich berühren. Jan Frerichs lädt dazu ein, alte Schuhe und Schutzhäute abzustreifen. Das ruft den Spürsinn wach, damit wir bereit werden für den »heiligen Boden«, auf dem unsere Begegnung mit dem Göttlichen ihren Ort finden kann. Es gibt diesen Ort, und es ist Zeit, das heilige Feuer wieder zu entfachen. Es ist Zeit zum Aufrühren der Glut!

»Die mystische Erfahrung, die ich meine, bringt also keine Sorglosigkeit oder Selbstvergessenheit. Sie ist vielmehr das Ende der Sorglosigkeit und der Beginn der Selbsterkenntnis. Die mystische Erfahrung ist der Anfang eines Weges, der Beginn des Abenteuers.« *Jan Frerichs*

www.barfuss-und-wild.de

Patmos Verlag